始めるのに遅すぎることなんかない!

中島 薫

文庫版　はじめに

人は誰でも心の中に、「ずっと気になっていたこと」や「ずっとやりたかったこと」というものを、いくつか持っているものです。

あなたのそれは、なんですか？　そしてそれは、なぜいままでそのままになっていたのでしょうか？

「まだ早い、いつかきっと」と思っていましたか？　それとも、最初のタイミングをはずしてしまったために、「もう遅いんじゃ…」と思っていましたか？

気になったことに自分から近づいていったり、やりたいと思ったことをするのに、早いとか遅いとかいうことはありません。なぜなら、本当の自分というものは、実はいつでも準備ができているのです。あとはあなたが決断するだけです。だからこそ、何かぴんと来るものがあるのです。

そして、あなたが決断するためなら、時間はいつまでも待っていてくれます。

あなたを動かす新しいものに出会ったそのときに、いくら考えこんでも答えはみつかりません。ですから、何かを感じたならば、すぐに動くこと。心が素直になったその瞬間を大切にしましょう。

私はサンマーク出版からこれまでに七冊の単行本を出していますが、本書がはじめての文庫版です。小さくなって、さらに手に取りやすくなったと思います。どこへでも一緒に連れて行って、時間があるときにいつでも読み返し、自分の中に眠っているたくさんの可能性に気づいてください。

あなたが一つでも多くのすばらしい可能性を発見することを祈っています。

中島　薫

平成一四年　秋

はじめに

「自分はいったいどんな人間か」――だれもが一度は考えたことがあるこの質問に、完璧に答えられる人はたぶんいないと思います。それは、私たちが一生かかって探していく答えでもありますし、それからまた、人間はなりたい自分になれる可能性をも秘めているからです。いまこの時点のあなたと明日のあなたは違うかもしれないのです。

そこで大切なのは、自分がどうありたいかということです。

私はいつも、自分にとって「最高の中島薫」でありたいと思っています。だって、世界に私はたったひとりしかいないのです。あなただって、この世にただひとりのあなたなのです。そう思ったら、自分自身のすべてが許せて、受け入れられるような気がしてきますし、「自分にはもっと何かあるのではないか」と、その何かを探したくなってくるのではないでしょうか。

私は個人的にも世界でたったひとりですが、自分のビジネスでも、世界にたったひとり、世界で一番、という業績をあげています。

「成功の秘訣は何ですか？」とはいつも聞かれることなのですが、それはやはり、自分は世界でたったひとりなんだといつも思っていることが、大きく関係してくるような気がします。それから、私はたぶん、「考え方のくせ」というものがちょっと変わっているようなのですが、それも私の成功のひとつの要因かもしれません。

この本は、私のその考え方のくせというものがよくわかるフレーズを集めた本です。

この中にある一〇一のフレーズは、ふだんの生活やビジネスや講演で私が使っているものの中から、自分の好きなものと、友人やビジネスのパートナーがよく引用するものを集めました。それは、ビジネスのヒントになるものもあるかもしれませんし、あるいは毎日の生活のストレスを減らすヒントになるものもあるかもしれません。私流のものの考え方の中で、ひとつでもふたつでも、「あ、そうかもしれないな」と思っていただけるものがあれば幸いです。

だれにとっても、人生はある意味、一種の戦いのようなものです。それがどんな職業の人であれ、主婦であれ、学生であれ、目の前にあるものと向き合って、毎日を過ごしていかなければいけません。生きていくということは、それだけでけっこう大変なものなのだと私は思うのです。

でも同時に、同じくらい楽しいものでもあります。

いろいろなことにびっくりしたり、感動したり、困ったり、喜んだり、そんなたくさんの感情を持っていられること、そして、いつでも自分の視点を必要に応じてほんの少し変えられること、このふたつを忘れなければ、自分の時間が何倍もすばらしいものになると思います。

私たちのだれもが可能性を秘めています。私はいつもそう思っています。自分の心に素直になりさえすれば、いつでも、どこからでも、何でも始められます。自分で作り出した限界から自由になるとき、新しい何かが始まるのです。それは今日かもしれないし、明日かもしれません。

この本が、毎日の中で知らず知らずのうちに凝ってしまったあなたの心をほぐすための、ちょっと立ち止まって深呼吸するための、そして新しい何かを発見するための手がかりになるとしたら、これ以上の喜びはありません。

中島　薫

始めるのに遅すぎることなんかない！◉目次

001

過去は生ゴミである

人間はだれでも、基本的には現在に生きています。基本的には、というのがポイントですが、でもみんな、案外このことをふだんは忘れているのではないでしょうか。

もちろん、現在は過去から続いているものです。しかし、それはまた、いつも未来へと続いていくものです。ですから、過去を振り返ることはできても、過去へ戻ることは不可能です。そういう意味で、私には、「過去は生ゴミ」なのです。

「あの頃はよかった」という人はたくさんいるかもしれません。でもそれは、ただ単に、懐かしがっているだけなのです。そのままただ懐かしがってばかりいるのは、もったいないと私は思うのです。というのは、そこで立ち止まってしまっている間は、前へ進めないからです。

もしも、過去に起きた何かを、「あれはよかった」と思うなら、もう一度そういうことが起きるように、起こせるように何か始めたほうが、はるかに自分の未来のためになると思います。

逆に、過去に何かよくないことがあった場合はなおさらです。そんなことをずっと引きずっているのは、せっかく捨てた生ゴミをまた拾ってきて、持っているのと同じで、実はとんでもないことです。

考えてもみてください。いま、「あなたは一年前の今日、どんなことで悩んでいたか、覚えていますか?」と聞かれて、思い出せる人は少ないのではないでしょうか。たとえそのときはどんなに深刻に悩んでいたとしても、私たちは忘れることができます。それでいいのです。

嫌なことは、早く忘れてしまう。よかったことも、どうせ戻れないのなら、また同じようによいことが起きるように努力する。「過去は生ゴミである」と思った瞬間、これらが可能になるのです。つまり、いつでも未来に向かって、現在を生きるのです。

002

「うまくいかなかったらどうしよう」ではなく、「うまくいったらどうしよう」と悩んでみる

特別心配症の人でなくとも、何か始める前など、何が起こるかわからないときには、たいていの人はどういうわけかうまくいかなかった場合を想定するようです。これが私には不思議でならないのです。

まず、何が起こるかわからないのなら、いいことが起こるかもしれないと、私は思うのですが。とりあえず最悪の場合を考え、そうなった場合にも落ち込んだり、がっかりしないようにということなのかもしれませんが、逆に、そういう場合を考えるから、そういう事態が起こりやすくなるのだと思います。

「心配は人生の敵である」と、かのウィリアム・シェイクスピアもいっているのですが、それでも何か心配せずにいられないという人は、どうせ心配するなら、「うまく

いったらどうしよう」というふうに心配してみることをおすすめします。でも、これって、「そんなの難しい」と思った人は、なおさらトライしてみましょう。実はそんなに難しいことではありません。

たとえば、宝くじを買いに行くとき。「当たらなかったらどうしよう」と思って買いに行くという人に、私はまだ会ったことがありません。たいていの人は「当たればいいな」「当たったらこんなことにお金を使いたいな」と思って買いに行くはずです。それと同じことで、何かするときも、「うまくいけばいいな」「うまくいったら、その次はこんなことをやろうかな」と考えればいいのです。宝くじは運がものをいうわけですから、自分がうまくやってもだめなときはだめですが、仕事でも趣味でも恋愛でも、自分で何かするときには、それこそうまくやって、それがうまくいった場合を想像して、悩んでみるのです。ある意味、それはとてもぜいたくな悩みですが、そう考えると、何も始まらないうちからあれこれ考えて心配するのがバカらしくなってくるかもしれません。そうしたら、しめたものです。

003

目の前のスープがおいしいかどうか知るには、とりあえず飲んでみることである

あたりまえといえばあたりまえのことですが、このあたりまえのことが実際できない人もたくさんいるというのが、世の中のおもしろいというか不思議なところのひとつです。

手を伸ばして、スプーンを持って、一口すくって飲んでみる。たったこれだけのことよりも、その材料や成分を確認し、だれが、どんなふうに作ったかを確認し、それでこのスープがどんな味でどのようにおいしいかを論じようとするなんて、私にとっては「え、どうして?」って感じです。仮に、そんなことをして、ある程度味の見当がついたとします。でも、それはしょせん「脳の味」ですから、本当にわかったわけではありません。

「脳の味」、つまり、脳みそで想像した味。ですから、実際の味ではないということです。

食べ物にかぎらず、この「脳の味」というのは何にでもいえます。

たとえば、ブティックに行って、「あっ、これいいな」と思う服があったとします。そこで、ラインがどうの、襟の開きがどうの、裾のカッティングがどうのとあれこれ考えているよりは、実際に試着して自分の体や雰囲気に合うか確かめて、ついでに太陽の光の下での色の違いを確認してみるとか。そのほうが早くてしかもよくわかると思うのですが。

何かする前に、ある程度自分なりにわからないと、不安なのでしょうか。でも、それはやはり「脳の味」、つまり脳みその中でわかったつもりになっているだけで、実際にわかっているわけではないのです。私には、そのほうが不安です。

人生はもっとシンプルでいいと思います。何かする前に質問を一〇〇回するようなことはやめて、気楽に簡単に生きてみることをおすすめします。

004

注意をしすぎると、違う注意もしなくてはいけなくなる

注意をする、気にかける、慎重になるといったことは、もちろん悪いことではありません。必要なことですし、ときにとても大事な場合もあります。でも、しすぎると、今度はまた違う注意をしないといけなくなるのです。

これはどちらかというとまじめな人が陥りやすいことなのですが、何か目的があって、そのために注意していたはずだったのが、いつのまにか注意することそれ自体が目的になってしまうのです。

たとえば、会社で上司から、「三時頃に私にお客様が来る予定になっているから、いらしたら〇〇番に内線してください」といわれたとします。それは普通に注意していれば、別に何でもないことです。「はい、わかりました」といって、そのお客様が

来るまでいつも通りに仕事をしていたらそれでいいのですから。ところが、「絶対に注意していて、来たらすぐ伝えなければ」などとあまりに大層に考えすぎてしまうと、そのことだけに神経が行きすぎて、実は何かもっとほかに注意しなければいけないことがあったのに、それを見失ってしまうということも起こるのです。

また、商品を売ることだけに注意をしすぎたため、お客様の不信感を買ってしまい、それまでうまくいっていた取引も雲行きがあやしくなるということも起こります。

かといって、誤解しないでほしいのですが、私はけっして、不まじめに、適当にやれといっているわけではありません。ただ、物事は、行きすぎてもよくないということ、そして、ひとつのことにとらわれてはいけないということをいいたいのです。

思い込みが強すぎて、目の前のことしか見えなくなると、うっかり大事なものを失ってしまったり、あるいはもっと重要なことに対処できなくなったりします。せっかく「失敗しないように」とやっていたことそれ自体が原因で失敗してしまうなどということになったら、笑い話にもなりません。ほどほどということを心がけましょう。

005

「ショックを与えるもの」は実は存在しない。「ショックを受ける人」がいるだけである

私たちは、毎日、いろんなことでがっかりしたり、くよくよしたりしています。でも、よくよく考えてみると、それらの原因は、実はけっこう取るに足りないものであったりします。それは、私たちが「失敗する」ということをあまりに大げさにとらえすぎていることと、そして自分を否定的に考えてしまうことによって起こります。

たとえば、あなたが宝石店の店員だったとします。お客様が来て、指輪が見たいというので、あなたはいくつかその人に似合いそうなものを出して見せてあげた。その中に、その人がすごく気に入ったものがあって、すごく欲しいといった。でも、最終的に、ちょっと高すぎて手が出ないということで、とりあえず今日は帰ってしまった。さて、このとき、あなたはどういう気持ちでいるでしょうか。たぶん、「せっかく

気に入ってもらえたのに、高いから買ってもらえなかった」と、がっかりしているのではないでしょうか。

でも、ちょっと待ってください。そこであなたががっかりする必要は、どこにもないのです。というのは、本当にがっかりしなければいけないのは、実はそのお客様のほうだからです。だってそうでしょう。そんなにすごく気に入った指輪があったのに、「高いから」と買えなかったのですから。それを、あなたが勝手にがっかりしているのです。受け取り方ひとつで、こんなに違ってくるものなのです。

そして、失敗するということを大げさに考えないこと。失敗はしてもいいものなのです。初めて自転車に乗るときは、だれだってひっくり返ります。それでいちいち「乗れない」とショックを受けていたら大変です。それと同じレベルでふだんから物事にあたれば、精神衛生上ずっといいとは思いませんか？

毎日起こる出来事は、あなたにショックを与えるために起きているのではないということを知っておくと、無用ながっかりに悩まされなくなるはずです。

006

いつも未完成でいるほうがおもしろい

完成されたものというのは、案外つまらないものなのではないかと思います。

たとえば、有望な新人歌手を発掘するオーディション番組などでも、完璧にうまい子というのは逆にレコード会社やプロダクションも「うちで」と手を上げづらいものがあります。それよりも、いまの時点で少しぐらい歌唱力が劣っていたとしても、これからもっともっと伸びる可能性、選択肢がたくさんありそうな子のほうが、人気がある。「演歌もいけるかも」「アイドルで化けるかも」という、これからいくらでもどうにでもなりそうな人というのはこちらであれこれいじれますが、だれかのそっくりさんのようにいきなり完璧に歌いこなすような人だと、「この子はどうやって売ればいいんだろう」となるわけです。

完成されているということは、それ以上はないということです。それなら、いつも未完成でいるほうが、「これからどんなふうになるんだろう」という楽しみがあると思うのです。それはけっして「不良品」という意味ではなく、これからもっともっとよくなるというニュアンスが含まれています。「自分はまだまだ未完成です」といったとき、それは自分の直すべき欠点を知り、持つべき希望も持ち、進むべき未来に進んでいっているような何か前向きなものが感じられるのです。それは、自分自身に対するポジティブな予感のようなもの、といえるかもしれません。

ただ、完璧主義者と完璧な人というのは、似ているようでちょっと違います。完璧主義者というのは完璧をめざしている人なわけで、まだ完璧ではない。そこに救いがあります。だから、完璧主義者はいいけれど、完璧ではないほうがいいのです。

まあ、そんなに心配しなくても、完璧な人というのはまずいません。もし仮にいたとしたら、周りの人が窮屈になるだけなので、少し大ざっぱになったほうがいい。人間は、多少間が抜けたところがあったほうがお互い安心するものです。

007

失敗よりも、失敗したまま やめてしまうほうが問題である

私はつねづね、周りの人みんなに、失敗にはこだわらないようにといっています。というのは、失敗というものは、コンピュータのプログラムミスだろうが、電話番号のかけ間違いだろうが、書類の書き損じだろうが、とにかく「起こるもの」だと思っているからです。

物事なんて、最初からうまくいくほうがめずらしいのですから、何か成功したければ、失敗はセットになってついてくるもの、という認識でいなければいけないのです。失敗が怖くて何もしないでいたら、成功どころか、何も起こらない。だから、失敗してもいいから、成功するまで続けるということが大事なのです。

言い方を変えれば、失敗するのは、成功するまで続けないから、ということです。

あなたが鉄棒で逆上がりをやろうとして、できなかったとします。そのとき、できなかったことよりも、そこでやめてしまうことのほうが問題です。せっかくうまくなりたいと思って始めても、うまくいかないからやめるのでは、それ以上のことはもう絶対に起こらないし、ありえない。うまくいかないから、もうちょっと頑張ってみよう、違うやり方でやってみようと、とにかくできるまでやることで、最終的にうまくなるのです。

何回失敗するかは、どうでもいいことです。大事なのは、最後に成功するか、成功するまで続けるかということなのです。

「成功」という文字を顕微鏡で見ると、その中には小さい失敗がいくつもいくつもあるものです。失敗を一〇〇万回やっても、成功すれば、それらはもう顕微鏡で見なければ見えないくらい小さいものになってしまう。失敗なんて、そんな程度のものですから、それに負けてしまって、あともう一回だけやってみたら手に入れられたかもしれないものを、みすみす逃さないようにしたいものです。

008

外野はしょせんヤジ馬である

人が何かをしようとするときには、必ず外野から口を出してくる人がいるものです。「悪いことはいわないから、そんなことはやめたほうがいい」というのが彼らの決まり文句ですが、ことの本質がわかっていっているわけではなく、ただやみくもに止めるだけの、これのどこが「悪いことはいわないから」なのでしょうか。

仮にいま、あなたはあるプロ野球チームのピッチャーだとします。二対〇で勝っている試合の九回の裏、相手の攻撃。二死二・三塁でバッターは四番打者。監督とキャッチャーは敬遠のサインを出し、自分もそのほうがいいと思っている。ここであなたは、スタンドで「勝負しろ！」と叫んでいる酔っぱらいのいうことを聞いて、勝負しますか？　勝負して、そして打たれたら？

これが仮に、監督やキャッチャーから「勝負」のサインが出ていたり、または自分でも勝負したくて投げて、その結果打たれたとしたら話は違います。でも、単に外野のいうことを聞いてうまくいかなかったとしても、外野は責任なんてとってくれません。それが外野というものです。

「私は外野のいうままに流されてきたおかげで、こんなに大成功しました」という人がもしもいたら、ぜひお目にかかりたいと思っています。

この外野のノイズに気をとられて、うまくいくはずのこともうまくいかなくなった人は、けっこうたくさんいるのではないでしょうか。それは、外野とそうでない人との区別がついていない場合に起こります。

要は、本当にあなたのことを思って、いってくれているかということ。それは、外からものをいうのではなく、ちゃんと中に入ってきて、あなたがやっていること、やろうとしていることをあなたと同じぐらい理解したうえでいってくれているか、それを見分けられるようでありたいものです。

009

どんな人も、始めはでたらめである

最初からすごい人はいない、ということです。会社の社長でもお店のオーナーでも売れっ子の漫画家でも、成功して立派になってしまった人に対して、私たちはつい、彼らはみんな始めから何かそういう素質や才能があって、一般人とは違っていたと考えがちですが、それはあとからそういうふうなイメージがついてしまっただけであって、やっぱりスタートはとりあえずでたらめだったはずです。

出来あがったものを見て、出来あがる前のものと比べてがっかりするのは、全く意味のないことです。だって、出来あがるためには、出来あがる前の状態というものが存在するからです。最初から出来あがっているものは何もないのです。

逆に、でたらめだからこそ、ちゃんとなりたくて一生懸命になるということもありますし、でたらめだから、気にせずいろいろできるということもあるでしょう。始めからある程度きちんとなっていたら、大きな変化はないでしょうし、こじんまりとまとまるしかないかもしれません。

私の知り合いで、自分でビジネスを始めた当時、ものすごく貧乏だった人がいます。普通、ビジネスというものは、ある程度の資本金というものを準備して始めるものですが、彼はもうとりあえず始めてしまった。最初のうちは、製品を仕入れるお金もなくて人に借り、それを返すお金がなくて別の人に借り、打ち合わせを兼ねてみんなでご飯でも食べようというときにもお金がなくて「おなかが空いてない」といってコーヒーだけ飲む、そしてそのコーヒー代も人に借りるというようなでたらめぶりでした。

もちろんいまは大成功して、ビジネスも軌道に乗っていますし、何より、昔そんなに貧乏で苦労していますから、人の苦労や痛みに対する思いやりがすごい。そして、そういう境遇を克服してきたという自信と強さも持っています。これって、すごい財産だと思うのですが。

010

学ぼうとする姿勢が人を大きくさせる

それが何であれ、ある程度うまくできるようになった頃、人はふたつの方向に分かれます。「けっこううまくなったな」と安心して、それまでのペースから少しスローダウンする人と、「だいぶうまくなってきたから、もっとうまくなりたい」と、それまでのペースをキープもしくはアップさせる人と。

この「もっと」という思いがある人は、絶対に伸びます。それがスポーツであれ、芸術であれ、日常の趣味であれ。そして、「もっと」という思いがある人は、もっと伸びるためには自分の中に、何でも素直に取り込もうとします。

昔、ゴルフのA・パーマーがひどいスランプに陥ったとき、自分の崇拝者だったしろうとの友人からフォームの乱れを指摘され、立ち直ったという話があります。いつも彼のフォームをまねていたという友人がつぶやいたひと言で、彼は自分のフォームのどこがおかしいかすぐにわかったのです。

本当のプロは、それがたとえしろうとであろうと、まったく経験のない人間であろうと、自分にとって有益なこととそうでないことをかぎ分ける能力をもっています。そして、「これは有益だ」と思われることは、すぐに自分の中に取り入れる。それがプロでやっていける重要な資質のひとつになっているわけです。

この資質も、元をただせば「もっと」という思い、学ぼうとする姿勢です。さらに伸びていきたいという貪欲さといってもいい。同時にそこには、プロとしてのプライドというものも存在します。そのプライドとは「しろうとに忠告されるなんて……」という低レベルのものではなく、ただひたすら、「強くなりたい、うまくなりたい」ということなのです。

大きくなりたいと思ったら、つまらない小さなことに惑わされず、すべてが自分のためになると考える。それがコツなのです。

011 人は「見てくれ」である

最初にお断りしておきますが、これは何も、容姿のよしあしで人生が決まるとか、そういうことをいっているわけではありません。どちらかというとマナーに近いものがあるかと思うのですが、人に不快な思いをさせない最低限の身だしなみはやはり必要である、ということです。

「人間は見かけよりも中身が大事だ」とよくいわれます。でも、何だかんだいって、人はやはり目の前にあるもので、ぱっと第一印象というものを決めてしまいます。中身はその次なのです。つまり、中身まで見たくなるには、見てくれから始まるのです。九割方はまずこの段階で処理されているのではないかと、私は思います。

人間は簡単なほうを選びがちですから、中身がいいものを探し出して、その中からさらに見てくれのいいものを選ぶよりは、とりあえず見てくれのいいものを選んで、その中から中身のいいものを、ということになるのです。

それに、本当に中身のいい人というものは、最近は見てくれもしっかりしているもののようです。たとえば、戦後間もない頃など、物資が不足していて、質素にせざるを得なかった時代などは、「着ているもので判断するな」ということもよくわかりますが、この現代社会の中では、普通にしていれば、みんなある程度きちんとした格好が可能です。だから、それでなおかつ他人に「えっ」と思われるような見てくれになるということは、本人の中身の問題なのではないかと思うのです。

ゲーテも『若きウェルテルの悩み』の中で「装いというものは、自分を映す鏡なのだからおろそかにはできない」と語っている通り、自分を表すもののひとつなのです。

親切でまじめで思いやりがある人も、汚い服を着て髪の毛がぼさぼさだったら、そのすばらしい中身がわかるほどのおつき合いは、みんなしないかもしれません。それは非常にもったいない。だからやっぱり、スタートは見てくれだということです。

012

やる気のある人にはかなわない

やる気のある人には、だれもかなわない。やる気のある人というのは、世の中で一番強い人なのではないかと、理屈抜きでそう思います。何というか、エネルギーがほとばしっているという気がするのです。

この「やる気」というものの前では、才能も学歴も、そういったものはすべてはじけ飛んでいってしまいます。何もかも超越しています。

私もビジネスをしていていつも思うことは、いかに周りの人にやる気を出させるか、ということです。会社でも、上司として何が一番必要かといったら、業績を上げることや部下を育てることよりも、まず、部下のやる気を出させることです。人間、やる気が出てこそ、才能も資質も伸びていくものだからです。ということは、逆に、部下のやる気がないとぼやいている上司は、「私のやる気の出させ方が下手です」と自分から宣伝しているようなもので、改善の余地ありです。人間は、自分のためだけではなく、応援してくれる人、信頼してくれる人のためにも頑張れるものなのですから。女子テニス界のトッププレーヤーであるマルチナ・ヒンギスが大きな大会でいくつも優勝し、世界ランキング一位になったのも、コーチであるお母さんがほめ上手で、彼女にうまくやる気を出させたからだ、という話があります。やる気が出たら、人間は強いのです。

ときどき、勢い余ってやる気が空回りしている人なども見かけますが、それでもいいのです。それは、失敗しても別のやり方でまた再挑戦できるエネルギーがあるということですから。

さて、自分でやる気を出すにはどうするか。それはやはり、「こうしたい」「こうなりたい」という目標を持つことです。大きい目標である必要はありませんし、できるかどうかということもその次の問題です。まずはやる気、これです。

013

いま一番じゃない人にも、一番の人にはないすばらしいものがある

いま一番の人さえ持っていないすばらしいもの、それは、「いつか一番になるんだ」と努力する、まっすぐな向上心です。

少し前のことになりますが、私が家族とフランスへ行ったときのことです。シャンパンで有名なシャンパーニュ地方を訪れたのですが、仕事も兼ねていたので、モエ・エ・シャンドン社を訪問しました。ドン・ペリニョンという高級シャンパンを作っている会社です。そこで昼食に招待していただきました。ぶどう畑がずうっと続く中、小高い丘の上にある、ミシュランの一つ星の、すばらしいレストランでした。料理はもちろん最高で、お店の雰囲気もよく、私たちはとても素敵な時間を過ごしました。

食後、みんなでくつろいでいたらお店の人があいさつに来たので、私たちがとても

満足していることを告げたのですが、そのとき、そのお店の人がこんなことをいったのです。

「私たちの店は、ようやく星をひとついただけるようになりましたが、最高点である三つ星には、まだまだ届きません。これからもっともっと勉強しなければならないことがたくさんあります。でも、ひとつだけ、いま三つ星をいただいているレストランにも負けない自信のあるものがあります。それは、これから三つ星をめざして頑張ろうとする、未来への情熱です」

なるほど、と思いました。そして、こういう店はそのうち本当に三つ星をもらってしまうだろうと確信しました。

いま一番の人だって、もちろん努力はしています。その人に追いつき、追い越そうと思ったら、それ以上の努力をしなければなりません。それをわかったうえで、なお情熱を持ち続けられる人は、そのまっすぐな向上心でいつか一番になるでしょう。だから、いま一番じゃなくてもそんなことは問題ではない、というわけなのです。

014

頑張ってもだめなときは、頑張り方を変えてみよう

まず大前提として、頑張るということはすごいことです。問題は、それが結果に結びついていないときです。しかしそれは決して、頑張っている人が悪いわけではないのです。

たとえば、一生懸命頑張っているのに、なかなか営業成績が上がらないセールスマンがいたとします。そこで上司が「君の頑張り方が足りないからだ」などといってしまうと、すべては水の泡となってしまいます。せっかく本人が頑張っているのを頭から否定してしまうのもよくないですし、自分の努力が足りないと、彼はもっと頑張ろうとするかもしれません。すると、さらに過度の頑張り方をしてしまい、それがまたますます裏目に出ていってしまうこともあるからです。

頑張っているのに結果が出ないというときは、一生懸命歩いているのにいっこうに目的地に着かないというときと似ています。それは歩くのが遅いからというのではなく、いま歩いている方向がひょっとして間違っているのではないかと考えてみるのです。そんなときは地図で確認するなどして、早めに軌道修正をしなければいけないのに、そこでもっと進めといわれると、ますます目的地から遠ざかってしまうということになります。それはエネルギーの無駄というものです。

せっかく頑張るんだったら、正しい頑張り方をしたほうがいいと思うでしょう。あたりかまわずただがむしゃらに進むばかりではなく、つねに「この方向で正しいのか」と確認しながら、余裕を持ってゆったり進んでみましょう。そして、あれ、おかしいなと思ったら、いつでもちょっと立ち止まって、考え方や視点を変えてみたり、人に相談してみるということが大事になってくるのです。結果的に、そのほうが「急がば回れ」で、ただやみくもに頑張って進む人よりも、ずっと早く目的地に着いたりもするものです。

015 未来の自分に約束する

マイケル・J・フォックス主演の人気映画で『バック・トゥ・ザ・フューチャー』という映画がありました。主人公はタイムマシンに乗って過去の時間へ行き、そこでいろんな事件を起こすことで、自分の未来をも変えてしまうのです。そこでこのタイトル、「未来へ戻る」となるわけです。未来へ戻る？　こんなことは小説や映画の中だから起こる、現実には起こるはずがない。たいていの人はそう思います。しかし、本当にそうでしょうか。

人間の想像力とは偉大なものです。かつて、翼を持ちたいと願った人類が本当に翼を作って、世界中のどこへでも飛んで行ける乗り物を作ったように、想像力というものがさまざまなものを現実化していきます。

私はいままで、「こういうふうになりたいな」「こうなったらいいな」と思うことがあったら、「よし、じゃあそういうふうにしよう」と勝手に決めて、実現させてきました。自分で自分のいつかの未来に起こることを決めてきた私には、毎日が「自分の未来へ戻っていく」日々だったのです。

それはあなただってできます。何でもいいのです。「三ヵ月後には二キロやせている」と決めたら、あとはそれに向かって頑張ればいいし、「一週間後に五冊本を読み終わっている」でもいいのです。簡単です。半年後に予定されているコンサートのチケットを買って、その日が来るまで楽しみに待つのと何の変わりもありません。ただ、待つだけではなくて、自分にできることはすべてやることを、その日まで続けるところが違いますが。

未来に戻るということは、未来のその時点の自分に、「きっとここにやってくるから」と約束することです。自分自身との約束。それは、だれよりも、何よりも守りたい約束なのです。

016

するべきことを好きになる

人でもものでも、何かを好きになった瞬間から、私たちはある種のすごいパワーが出ます。「好きこそものの上手なれ」ということわざもある通り、人間は、好きなものはもう理屈を越えてできる、受け入れられるのです。だから、何かやらなければいけないことや、一緒に何かしなければいけない人がいたとして、そのことや人がいまいち苦手だった場合、「どうやってうまくやるか」ということに無駄なエネルギーを使っているよりは、そのことやその人を好きになってしまったほうが早い。「好き」というのは、物事が一番スムーズに行くエネルギーだと思います。

たとえば、仕事でどうしてもパソコンを使わなくてはいけなくなったとします。いままでワープロもやったことがないのに、こんなの無理、と普通は思うかもしれません。でも、やらなければいけないんだから、とりあえず好きになる。最初から丸ごと全部好きにはなれませんから、どこか一ヵ所とっかかりをつくる。テニスが好きな人なら、ヤフーでいろいろなテニスのホームページを検索して、世界中の試合の結果がリアルタイムでわかるホームページや、選手のコメントや最新情報を掲載しているホームページを見てみるとか、ゲームが好きな人ならインターネットで最新ゲームをダウンロードしてやってみるとか。パソコンの概念とか構造を考えるからややこしくなるわけで、楽しく使えるところだけ自分のものにすればいいのです。そうやって慣れていくうちに、ほかの部分も理解できるようになっていくものです。

人物だってそうです。いくら大嫌いで馬が合わないといったって、それが取引先の責任者であなたの担当だとしたら、何とかうまくやるほかありません。それはやはりあれこれ作戦を考えて神経をすり減らすよりは、思い切って好きになったほうが早い。一見、どんなに嫌な感じの人間でも、どこか一ヵ所はいいところは絶対にあります。そこから攻めるのです。逃げたり、嫌だと思うエネルギーを、有効に活用するのです。

017

「できない」と思うのは単なる錯覚である

謙虚なのか怠惰なのか、私たちは何か物事を始める前に、まずできるかどうかを考え、次にできないのではないかと考えることがよくあります。

どう考えてもできそうなことでも、とりあえず「できるかどうかわかりませんが、やってみます」と遠慮した物言いをするのは、日本人にありがちな謙譲の美徳、というものなのでしょうか。

でも、自分のところにやってくるものというのは、たいていはできるものです。できそうなことしかこないものなのです。

たとえば、だれかがあなたに「一〇〇〇円貸して」といってきたことはあっても、「一億円貸して」といわれたことはないでしょう。明らかにできないことというものは、めったにやってこないのです。

だから、何かやるべきことが目の前にあって、それを見てあなたが「できない」と思うのは、実はあなたが勝手にそう思っているだけで、いわゆる「気のせい」というやつなのです。

これは、「できないようなことでも、できると思えばできる」というような、乱暴な思い込みとはちょっと違います。だって、本当はできるはずのことを、あなたが「できない」と勘違いしているのですから。

「できない」と思っているときに「できるよ」といわれても、それですぐできるような気にはならないのが普通ですが、「できないと思ってるのは、それ、錯覚だよ」といわれたらどうでしょう。あ、錯覚なんだ、そうなんだ、と、自分で軌道修正できそうな気になりませんか? できないと思っているのが錯覚なら、じゃあ本当はできるんだ、というような気がしてきませんか? だって、本当はできるんですから。こういうちょっとした錯覚にだまされていることって、けっこう多いと思うのですが。

018

原因が結果をつくるのではなく、結果が原因をつくる

何か原因があって結果があるのは、あたりまえです。でも、それだと、ひとつの原因からいくつもの結果が出てくる。アミダくじを引くようなもので、ちょっとした何かが原因で、自分が期待していた通りではない結果になってしまうこともあるのです。

だから、自分の求めている、こういうふうにしたいという結果をまず先に決めるのです。そうすると、そのために必要なもの、やるべきことというのがすべて見えてきますから、余計なことで悩んだり、回り道をしなくてもよくなるのです。アミダくじを当たりからたどっていってスタートにたどり着くようなものです。

たとえば、「アフリカに行きたい」と思ったとします。でも、思っているだけではいつまでたっても行けません。じゃあとりあえずお金をためないといけないというこ

とになっても、そんなに漠然とした感覚でいるかぎり、不思議なものでお金はそんなにたまらないし、いつ頃行こうという具体的な話にもなってこないのです。

こういうときには、やはり結果を先に設定するのです。たとえば、「半年後に行こう」ということにします。すると、「その時期はどこそこの旅行会社でこれくらいの料金と日程のツアーがあるから、それを申し込もう」と、まず日程と必要な金額がわかります。それまでにその金額を用意できるようにアルバイトや貯金をして、観光局に行って資料を集めて、パスポートやビザのことも考えなければなりません。予防注射も必要でしょうし、できれば言葉も少し勉強していきたい。出発が近くなれば、インターネットで現地の天気も調べたほうがいいかもしれません。と、このように、自分のやるべきことがわかります。それと同時に、迷いや不安も消えていくものです。

仕事でも同じです。こういう結果を出すには、これとこれをクリアしなければいけない、じゃあそのためにはこういうことをしなければいけない、と、プロセスを楽しめば、余計な選択肢にだまされることなく、望んだ結果にたどり着けるのです。

019

「奇跡」とは「起こるもの」である

「奇跡って、めったに起こらないから奇跡っていうんじゃないの？」と思う人はたくさんいるのではないでしょうか。

いいえ、とんでもない。私にいわせれば、「奇跡は、起こるから奇跡なんです」といったところでしょうか。ただし、だれにでも起こるわけではないところがミソですが、だからといって、けっして特別な人にばかり起きるというわけでもないのです。だれにでも起きる可能性はあります。それは、自分の力を出し切っている人に起こるのです。

スポーツの世界を見れば、私たちが思っているよりもたくさん奇跡が起きているということがわかるのではないでしょうか。バスケットボールでも野球でもテニスでも、嘘のような逆転劇なんてしょっちゅうでしょう。それは彼らが自分の持っているものをすべて出し切って戦っているからなのです。

ですから、ふだんの仕事でも、スポーツのような仕事をしている人には、奇跡は起こります。スポーツのような仕事とは、つまり、いまを大事にして、一生懸命集中して仕事をしていればということです。これが、ただ漫然と、まあまだ間に合うから明日でもいいや、というようなスタンスで仕事をしている人には、奇跡は起こらないのです。

とはいえ、朝から晩まで、一瞬たりとも気を緩めず仕事をしろといわれても、それではさすがにまいってしまいます。ですからたとえば、明らかに無理、間に合わないと思えるようなときは見送ってもいいのですが、ちょっと頑張ったら大丈夫かもしれないと思うようなときには、頑張ってみる。限界だと思ったときに、あともう一歩だけ進んでみる。そうすれば、ある日奇跡は起こります。それがどんな形で起きるのかはだれにもわかりませんが、あなたにはきっとわかるのではないでしょうか。

020

信用される人よりも、信頼される人になろう

これは日本語独特のニュアンスだと思うので、ほかの国の人に説明しても、いまひとつぴんと来ないかもしれません。

英語だと、信用も信頼も、どちらも「believe」とか「trust」で表されるので、同じになってしまうかもしれませんが、日本語だと、その字で意味合いが微妙に違ってくるのです。

信用とは「信じて用いる」と書きますが、信頼は「信じて頼る」と書きます。信頼という字のほうが、人間関係の絆が強い気がするのです。「私はあの人を信用している」というよりも、「私はあの人を信頼しています」といったほうが、そこに尊敬の念も込められているわけです。

人を信用していても、裏切られたりだまされたりすることもあるかもしれません。そうしたら、「ああ、あの人はそういう人だったんだな」と思うのですが、信頼していてだまされたら、私はあきらめがつくような気がします。自分はもうあの人をすべて信じ切っていたんだから、それでだまされたんだったら、それはそれでいいじゃないかと思ってしまうのです。まあ、信頼していた人に裏切られるようなことはそうそう起こらないのはもちろんですが。

信頼するということは、その人を信じる自分も信じる、ということになるのかもしれません。

ということは、信頼されるということは、自分を信じてくれる人のその気持ちを預かっているということになります。そういう強い気持ちが間に入るような人間関係を築けるというのは、すばらしいことです。

年齢や地位などに関係なく、その人の人間性を信頼することができる、そういう人が周りにいたらうれしいですし、自分もそういう人でありたいと思うのです。

021

できるかできないかよりも、まずは始めてみよう

何か物事を始めるときに、この「できるかできないか」ということを非常に問題にする人がいます。でも、私にいわせれば、それはまったく意味のないことです。

たとえば、それが会社の上司からいわれたことだとします。「○○日までに、○○に関する資料をまとめておいてくれ」でも、「次の○○社との取引は、ぜひとも成功させてくれ」でもいいのですが、そんなとき、できるかできないかを考えていても、しかたがありません。だって、それはもうやるべきことなのですから、あとはどうやって完成させるかを考えるだけでしょう。

これが、人からいわれたことではなくて、自分でやろうと思ったことならなおさらです。大事なのは、やりたいかやりたくないかで、できなくてもやりたかったらやれ

ばいいし、できることでもやりたくなかったらやらなくてもいっこうにかまいません。あなたの問題なのですから。

もう少し違う例を出しましょう。あなたがどこかレストランに行って、そこで食べた料理がとてもおいしかった。シェフにそのことを告げると、「おうちでも簡単にできますよ。レシピをお教えしますので、ぜひ作ってみてください」といわれて、レシピをもらって帰った。さて、家に帰ってそのレシピを取り出して、あなたはできるかできないかをずっと考えるでしょうか。おいしい料理を自分でも作りたいと思い、簡単にできるからとレシピももらったら、とりあえず作ってみればそれでいいのです。万が一それで多少うまくできなくても、どうってことはないでしょう。もう一度やってみればいいことですし、次はきっとうまくいきます。

それに、あれこれ考えているよりも、思い切ってやってみたら、案外できてしまったということは多いのです。最初の一歩を踏み出せたら、あとはもう、こっちのものなのです。

022
何があっても「大丈夫」

「大丈夫」、これは私の座右の銘です。何かあったときにはいつも、自分にも、仲間にも、つねにこういって励ましてきました。私にとってのおまじないの言葉になっているのです。私にそういわれると、ほかの人たちも不思議と「あ、大丈夫かも」と思うらしく、この言葉の効き目はけっこう馬鹿にできないものがあります。

ふだんからこの「大丈夫」という言葉を使うくせをつけている人は、不安が少なくなって、物事がスムーズに行きやすくなるように思います。

というのは、いまうまくいっていなくても、「大丈夫」ということで、これはそういうふうになっているシナリオだと思えるからです。

つまり、いまうまくいっていなくても、これが結論ではないので、これから先大丈夫な方向に行く、というふうに考えられるのです。

いま大丈夫じゃなくても、「大丈夫」ということによって、そこが結論にならなくなる。これが重要なのです。「大丈夫」といった時点で次へ別の展開があるわけです。そういうくせというか、流れがつくようになるのです。

それに、何か物事を進めていく中で、余計な不安が少なくなるということは、もうそれだけでうまくいく方向に進んでいっているということになります。いい換えると、余計な不安を持つと、物事は思わぬ方向、変な方向へ進みやすいということになりますが。

「大丈夫」は、そういう余計なものを払う、お守りのような言葉だと思います。単に「できる」とか、そういうむやみやたらと前へ前へと引っ張っていこうとする言葉と違って、ちょっと弱ったときに、後ろから支えてくれるようなニュアンスのある言葉のような気がします。そうしたら、「あ、まだ平気なんだ」と、少しほっとしませんか？　あなたもぜひ、この「大丈夫」を活用してください。

023

自分で自分の邪魔をしない

私は昔作曲の仕事をしていましたが、その当時五線譜に向かって曲を書いているときに、よくこう思ったものです。

「人間の、ものを創造する力はすごい」

音階にはドからシまでの七つ、五つの半音を足したとしてもわずか一二です。たったそれだけの音階にリズムを組み合わせて、人は大昔からさまざまな音楽をつくり、これからもつくり続けていくのです。

言葉にしても同じです。日本語なら五十音、アルファベットなら二六文字、それを組み合わせて、自分の考えを述べたり、物語をつくったりしているのです。もうこれだけの音楽をつくったから、もうこんなにたくさんの小説や物語があるから、これからできることは限られている――そう思う人はだれもいません。そこにはまだ、無限に近い可能性があるのです。

私たち人間の夢や可能性も、まったく同じです。

確かに私たちは小さい。宇宙から見れば、ほんのちっぽけな存在かもしれません。「自分にいったい何ができるんだろう」と、そんなふうに問いかけてみたくなるのも無理はありません。

しかし、考え方を変えましょう。それは「できない」のではなく、「したくない」「しようとしない」のです。自分の可能性を自分で否定して、それを何かほかのもののせいにしているのです。でも本当は、ほかの何でもない、自分で自分の邪魔をしているだけなのです。

そんな考えは、今日で終わりにしましょう。

「何ができないの」

これは、私からの質問です。その答えは、自分でもうわかっているはずです。

024

本気になってチャレンジしているときこそ、人は初心に戻れる

「本気になる」ということ。この精神状態になるということが、ひとつの重要なポイントです。

そして、これはちょっと不思議な話だと思うかもしれませんが、人はそうして本気になって何かにチャレンジしているときにかぎって、うまくいかないことにぶつかるものなのです。

ここで、本気になっているからこそ、「何が起きても平気」というぐらいの覚悟でいる。だから何かにぶつかるのです。そんなときに何かうまくいかないことが起きても、本気の人はめげたりあきらめたりしない。ただひたすら、初心に戻ろうとする力が働く。ベーシックに戻れるのです。

これがもし本気ではなかったら、絶対にベーシックには戻れません。何かまったく違うことを考えてしまったり、次のことをしようとしたり。そして初心を忘れてしまうのです。

本気になるということは、ある意味、シンプルになるということに似ているような気がします。ひとつのことに集中するので、余計なものがだんだんと落ちていく感覚とでもいえるかもしれません。

そして初心に戻るということ。何度でも初心に戻れるということは、これまで自分がたどってきた道筋が、ちゃんとしているということ、そして、自分の根っこの部分を、いつでも確認できるということなのです。

本気になって何かにチャレンジしているとき、それは裸の、ありのままの、素顔の自分自身に対峙しているようなものです。だからこそ、素直になれる。ピュアな気持ちで、ゴールにたどり着くまで、何度でも頑張ってやり直すことができるのかもしれません。

025

「お金持ち」と「リッチ」は違う

アメリカ人には説明が難しいかもしれませんが、日本語でいうところの「お金持ち」と「リッチ」というのは、大きな違いがあると思うのです。

お金持ちというのは、文字通り、お金を持っている人、札束を持っている人です。でも、確かにお金は持っているんだけれど、問題もたくさん持っている。お金を持っているがゆえの悩みやいざこざもあったりする。

ところが、リッチというのは、お金もあるけれど、友人もたくさんいたり、充実した楽しい時間を送っていたりする。

この差はどこから来るかというと、お金をお金としてしか考えられないか、それともお金はあるひとつの手段であって、それは活用するものであると考えられるか、そこから来るのではないかと思います。

お金持ちはお金がいつの間にか目的になってしまうことがある。それではいけないのです。お金がたくさんあるということは、それを使ってたくさんのことを、自分にも他人にもしなさいということではないかと私は思うのです。また、そうすることによって、新しい流れが起き、縁もでき、周りの空気がうまく循環していくのです。流れのある川は空気の含有量も多く、水がきれいであることが多い。だから魚やほかのいろいろな生物も多く住みますし、流れがあることによって肥沃な土が運ばれてくることがある。それが、水の流れがまったくない、ただのため池になるとどうでしょう。水はよどみ、藻が浮き、魚も住めないただの濁った水たまりになってしまいます。

「リッチ」というのは、英語で「お金持ち」という意味のほかに、用途によって「貴重な」「濃厚な」といった意味もあります。自分の持てるものを活用して、自分にとっても周りの人にとっても、貴重で濃密な時間を過ごせる人。単なるお金を持った人よりも、こういう人でありたいと思うのは、私だけではないと思います。

026

料理のレシピをいくら持っていても、作らないかぎり何の役にも立たない

何かをしているとき、人はときどき、「何のために自分はいまこうしているのか」ということを、忘れてしまうことがあります。最初は何かをするための手段だったのが、いつの間にか目的にすり替わってしまうわけです。

それがいいほうに作用するなら問題ありません。たとえば、アメリカ人の知り合いができたので、文通をするために英語の勉強を始めた。最初は大変だったけれど、やっているうちにだんだんわかるようになってきて、勉強がおもしろくなってきた。そのうち、英語自体に興味がどんどん出てきて、もっときちんと勉強しようと、留学をすることになった。

これなどは自分自身も成長していくという、ものすごくハッピーな例です。ところ

が、世の中そういうよくできたことばかりが起きるというわけではないのです。

悪い例だってもちろんあります。たとえば、世界一周旅行をしたくて、一生懸命アルバイトをしてお金をためていた。でも、通帳に増えていく残高を見ているうちにそれをいつか使うのが惜しくなってきた。そうして、旅行のことは忘れて、ただひたすらお金をためることに専念するようになった。

そこまで極端じゃなくても、安心が実行の邪魔をする例として、レシピの例があります。最初はみんな、自分で作って食べてみたくてレシピを集めるのですが、集めることに比重が置かれてきて、手にしたことで「これでいつでも作れる」と安全圏に入った気がする。でも、手にしたときに作らなければ、きっと永遠に作らない。

このレシピをただのレシピとは思わずに、たとえば、「自分の能力」と置き換えて読んでみたらどうでしょう。ちょっと怖いものがありますね。そう、持っているだけでは役に立たない。使わなければ、さびてしまうのです。自分がいまやっていることの意味を、つねに確認することが大事なのです。

027

乗り越えられない壁はやってこない

毎日生活していたら、ときどきうまくいかないことがあります。それはほんの小さなことだったり、ちょっと厄介なことだったり、いろいろです。でも、それはあなたがちゃんと進んでいるという証拠なのです。なぜなら、ずっと立ち止まっている人には、壁は立ちふさがったりしないからです。

そこで大事なのは、そうやってときどき起こるトラブルに対して、いちいち怒ったり悩んだりしないことです。

落ち着いて、深呼吸をひとつして、「自分は試されているんだ」と思いましょう。

それは、あなたがいままでより少し成長するかどうかというときだからです。そして、壁は確かにやってきますが、それは絶対に乗り越えられます。なぜなら、乗り越えられない壁はやってこないからです。

どんなに大きく見えても、あなたが乗り越えられるぎりぎりのサイズ。あなたに乗り越えてもらうためにやってくるのだから、それ以上のものは来ないのです。だから乗り越えられるのです。

乗り越えるのを失敗するとしたら、それは大きい壁が来ているわけでも、だれかが邪魔しているわけでもありません。自分でそうしているのです。「こんな大きな壁、乗り越えられるわけがない」と、何もしないうちから勝手に思い込んだり、「どうして私にだけこんな壁が」と、ひとりでかわいそうな自分にひたっていたり。

でも、壁はだれにでも来るのです。人によって来る時期が違うだけなのです。そして、その壁はあなたにしか越えることができない。ほかのだれでもない、あなただけが、あなたの壁を越えることができるのです。

ひとつ壁を乗り越えるごとに、そこにはいままでと少し違う世界が待っています。乗り越えたことによってひとまわり大きくなったあなたも、そこにいるのです。

028

自分だけが自分を輝かせることができる

私は最近よく、自分のこの名前を「それって、ペンネームですか」と聞かれます。もちろんこれは本名なので「違います。本名です」と答えますが、ちょっと不思議な気分です。というのは、私は昔は自分の名前があまり好きではなかったからです。いまでこそそれなりに気に入っていますが、子どもの頃は、何だか女みたいな名前が嫌だったのです。

元テニス選手だった伊達公子さんも、昔は自分の名前が嫌いだったそうです。それはなぜかというと、男の子に「イタチハムコ」とわざと呼ばれたりしたからだそうです。テニス選手になって世界を回るようになっても、伊達はローマ字表記で「DATE」と書きますから、たいていは「ダテ」ではなく、「デイト」と発音されていたそうです。ところが、どんどん勝ち進んで、やがて世界のトップランクに名前を連ねる頃、当然ですが、もうだれも伊達さんのことを「デイト」とは呼ばなくなりました。「ダテ」として世界に認識されたのです。

サッカー選手でも同じような例があります。カズこと三浦知良選手にも、同じようなエピソードがあります。カズとハワイで知り合ったばかりの頃、「ミウラカズヨシ」という名前を聞いて、私は思わず「えっ、それってあのロス疑惑の三浦さんと同じ名前？」といってしまいました。カズはそういわれるのに慣れていたらしく、「字は違いますけど、そうです。でも、いまに『ミウラカズヨシ』といえば僕のことだと、みんなに思わせてみせますよ」と、にっこり笑って答えました。その後、本当にそうなってしまったのはみなさんもご存じの通りです。

伊達さんもカズも、そうやって、自分自身の存在を確立させた。それは自分の力でそうしたからこそ、余計に輝いて見える。というより、それは自分にしかできないことなのです。自分だけが、自分に光を与えることができるのです。

029

自分の未来を信じられるのも、才能のひとつである

私たちは、「才能」というと何かすごいものを想像しがちです。たとえば、カール・ルイスのような駿足、ロビン・ウィリアムスのような演技力、アンドレア・ボッチェッリのような歌声、シンディ・クロフォードのような美貌、またはビル・ゲイツのような経営能力やマイケル・ジョーダンのようなカリスマ性。

しかし、才能とは、必ずしもそこまですごいものである必要はないのです。もっと身近なレベルで考えれば、オムレツをおいしく作ることができるとか、ガーデニングでハーブを育てるのが得意であるとか、トランプを使う手品がとても上手であるとか、そういったことで十分なのです。

何でもいいのです。才能というものをもっと一般的に、多様化したときに、周りの

人がちょっとできないことができる、または周りの人より上手である。「これって、才能だよね」といってうなずけるようであれば、程度の問題ではなく、もうそれは立派に才能なのです。

そういう観点から考えて、私は、自分の未来が信じられること、それもまた、ひとつの才能だと思うのです。

先のことなんかだれもわかりはしない。何が起こるか、どんなものと出会うか、そのときになってみなければわからない。そのわからないものを信じていられるということ自体が、もうすごい才能だと思うのです。

何かを信じている人というのは、強いし輝いているものです。その輝きは、ほかのいろいろな才能を持つ人から放たれるものと、何ら変わりがないのです。

先のことがわからないからといって不安になったり、勝手に間違った見当をつけて未来を見誤っている人を考えたとき、信じて前を見つめられる人というのは、やはり私には「それは才能だ」と思えるのです。

030

本当に忙しい人ほど、時間をつくるのがうまい

忙しい人は、自然とそういうふうになってきます。それは必要に迫られてというか、自分がそうやってきちんとしていないと大変なことになるのがわかるからですね。それで最終的には、時間の割り振りがうまくなってしまうのです。少しでも効率よく自分のスケジュールを組み立てなければいけないので、無駄がなくなってきます。

これに対して、暇な人は時間の使い方、つくり方が下手です。時間はいっぱいあるのにどうして？　と思うかもしれませんが、いっぱいありすぎて、どうコントロールしていいのかわからないのです。

また、忙しい人というのはいい表情をしていることが多い、というのが私の持論です。普通あんまり忙しすぎると、何だかくたびれていきそうな気がしますが、時間を

上手に使いこなしているときというのは、覇気があるというか、エネルギーがあふれているものなのです。

逆に、暇な人にも「暇人相」みたいなものがあって、これが相手のテンションを下げてしまうのです。無気力な感じが顔に出ているわけですね。こんな顔をしていたら、仕事でもプライベートでも、いい話は来ません。来るべき話もそのまま消えてしまいます。忙しい人のところに、不思議とまた仕事の話が行くのはこれと同じ理由です。忙しい人は動きを知っているから当てになる。暇な人は時間がありすぎて、動かない。あとでやればいいやと思っていてそのまま忘れてしまったり、延び延びになったり。自分で自分をさびつかせるのは、すごくもったいないことです。手始めに、「すぐ動く」ということから始めるといいかもしれません。

そしてもうひとつ。自分で「忙しい忙しい」といっている人は、実は本当に忙しい人ではありません。それは単に、時間に使われてしまっているからです。時間は使うものだということを忘れずに。さあ、あなたはどうですか？

031

一円の大切さと一億円のすばらしさと両方わかる人になる

私は仕事で億のお金を扱うときもありますが、それでも一円の大切さというものは理解しているつもりです。実際、一円がないことによって困ることってけっこうあります。絶対馬鹿にできません。といって、細かいお金のありがたさだけでは、ちょっとスケール感が足りない気がします。やはり大きな額のお金を持っていることによる自分の人生の使い方、豊かさ、楽しみ方も知っておいたほうがいいと思うのです。もちろん、逆に大きいお金のことばかりいっている人もおもしろくありませんが。このバランスが大事になってくるわけです。

私がどちらも大事にしたいという気持ちが表れていると、自分で思うエピソードをひとつご紹介します。

たいていのホテルでは、宿泊客には駐車料金はサービスになります。システムはホテルによってまちまちですが、とりあえず泊まれば駐車はタダ、ということになります。あるとき急いで仕事に向かわなければいけなくなって、慌ててチェックアウトして、駐車場へ行きました。そうしたら、そのホテルではフロントで駐車券をもらってきて、係の人に渡さなければいけなかったのです。駐車券がないと、そこでまた一三〇〇円払わなければならないというので、私は一瞬迷いましたが、もう一度フロントへ引き返して、駐車券をもらってきました。ついでにいいますと、そのときは一番高いスイートルームに泊まっていました。その部屋のお金を払うのは問題なかったのですが、駐車券の一三〇〇円をまた払うのは、どうにも納得がいかなかったのです。

これを読んで、「中島薫ってただのケチ」と思うのは間違いです。一泊三〇万円にふさわしい部屋には三〇万円支払いますが、納得のいかないことにはそれが一円でも払わない、そのこだわりなのです。一億円というのは一円の積み重ねですから、この一円の大切さを持っていないと、逆に一億円は取れないということなのです。

032

縁にはたくらみも計算もない

縁というものは、とても不思議なものです。理屈を越えたものがそこにはある。偶然のような顔をした、読めない方程式。だから、私はいつも、何か理解できないことが起きたら、「あ、これも縁なんだ」と自分にいい聞かせることにしています。あれこれ理屈を考えるよりも、「縁なんだ」と、シンプルにスッキリと肯定するのです。

たとえば、会社でもご近所でも趣味のつき合いでも、あなたの周りにいる人が大体一〇〇人ぐらいだとします。この一〇〇人は、どういう星の巡り合わせか、日本だけでも一億人以上、地球上なら何十億といる人の中から、あなたと縁があって関わっている人なのです。そう考えると、すごいものがあります。その一〇〇人の人たちのうち何人かは、もしかするとちょっとした偶然で、すれ違うこともない他人で終わっていたかもしれないのです。また、逆にいまお互いの存在さえ知らないような人と、明日出会って、生涯のつき合いをするかもしれないのです。

私はいままで、たくさんの人といろんなきっかけでおつき合いをするようになりました。たとえば、サッカー選手のカズとは、ハワイのホテルで隣の部屋になり、滞在中もプールやレストランなど行く先々で顔を合わせるうちに仲良くなりました。有名スポーツ選手のジャンパーなどをデザインしているジェフ・ハミルトンとはNBAを見に行ったときに隣に座っていたことがきっかけでした。有名人ではなくとも、一緒です。あるときミーティングで時計を忘れて、会場のだれかから借りようと思いました。別にだれからどんな時計を借りようが問題なかったのですが、たまたま目の前に私の好きな緑色のシャツを着た人がいたので、その人に借りた。それがきっかけで友人になったりもするのです。私が時計を忘れるというのがそもそも珍しいし、目の前に赤いシャツを着た別の人がいたら、その人に時計を借りていたかもしれません。

どんな形でも、そこに縁が生まれたら、とりあえずそれに乗ってみることです。

033

お金と人はよく似ている

「世の中はギブ&テイク」といいますが、「テイク」よりまず「ギブ」、つまり「もらう」よりも「与える」のほうを多くするほうが、何事もうまくいくようです。

これは何もビジネスにかぎったことではなく、人生のどんな場面においても、あてはまるような気がします。

一〇〇の「ギブ」があれば、いずれ九〇の「テイク」があるかもしれません。でも、それは時間がたつうちに、一二〇になったり、二〇〇になったりするでしょう。一〇人の人に喜びや幸福を「ギブ」できれば、それがまた、何倍にもなって「テイク」になるかもしれません。もっとも、焦点のぼけた「ギブ」や、最初からあからさまに「テイク」の見返りを期待した「ギブ」はいただけませんが。

人もお金も、何だかよく似ています。どちらも、こちらから投げかけたものに対して返ってくるものですし、その大きさも正比例します。

ただし、ポイントは「こちらから投げかける」ということです。山へ行ってこだまを聞きたければ、まずあなたから声を出す必要があるのと同じです。自分にくるもののことだけを考えていたのでは、得られるものは本当に少なくなってしまうのです。

それから、人とお金の似ているもうひとつの点は、どちらも「さみしがりや」であるということです。

ふたつとも、たくさんあるところに集まってきやすいように思えます。そう考えると、お金持ちの人がますますお金持ちになる理由というものが、何となくわかるような気がします。人間だって、行列や人だかりのするところは、つい覗いてみたくなりますし、人気のある人は、友人の友人がまた友人になり……というように、人間関係は広がっていくものです。お金と人、最終的にどちらがあなたの本当の財産かと聞かれたら、「もちろん人です」と答えられるようでありたいものですが。

034
「ノー」は「イエスの始まり」である

私はビジネスでもプライベートでも、ふだんから人に何かを説明するのに、よくたとえ話を使います。その中のひとつに、『花咲かじいさん』の話があります。

みなさんがもうすでにご存じの通り、これは裏の畑でポチがあまりに吠えるので、木の根元を掘ったところ、何と大判小判がたくさん埋められていたという話です。

そこから私が得たヒントというのは、「繰り返す」ということです。

ポチが吠えた、そのときさっと「ワンワンワン」と、何回も何回も、それこそとりつかれたように吠えたから、おじいさんもちょっと掘ってみようかなという気になったのではないかと思うのです。もしもこれが「ワン」と一回だけだったら、おじいさんも気にしなかったのではないでしょうか。

これをポチの側から見れば、おじいさんにどうしても伝えたいことがあったので、「ワンワンワン」でだめだったら、さらにもう一度「ワンワンワン」、それでもだめならもう一度、というのが功を奏したのではないかと思うのです。

それで私は、ビジネスで一度「ノー」といわれても、本当に相手にわかってほしいと思ったら、というより、「この人ならきっとわかってくれる」と思ったら、タイミングを見計らってまたトライしてみるのです。

普通の人は「ノー」というのはあくまで「ノー」でしかないかもしれません。でも、私は「イエスの始まり」「イエスへの第一歩」だと思うようにしているのです。

大体、「ノー」ということができる人というのは、自分の価値基準があるということで、自分なりに物事を判断できるという人です。ということは、「イエス」ともいえるという人です。だから私は、「わからない」とか「興味がない」とか「自分には関係ない」という人よりも、きっぱり「ノー」といえる人のほうが可能性があると思っています。「イエス」はそこでもう始まっているのです。

035

コミュニケーションとは、単に言葉や情報ではなく、思いを伝えることである

人から人へ何か伝えるというとき、そこには「それを伝えたい」という思いが存在します。その思いを伝えることなしに、単に言葉や情報だけをどんどん伝えても、それは何か流れ作業や空回りになってしまうのではないかと思うのです。

私がだれか友人にビジネスの話をするときも、ベースはやはり「思いを伝える」ということです。私がなぜ、その人にそのことを伝えたいと思ったのか、それが相手にきちんと理解してもらえないと、私が伝える意味がないからです。単にシステムややり方を教えるだけなら、書類やパンフレットを渡して「これ読んでおいて」といえばすむことです。でも、それでは相手の心をつかめない。「一緒にやりたいんだ」という思いが伝わらないのです。

きちんと思いが伝わらないと、いろいろと不都合なことも起きてきます。

たとえば、あなたがレストランに入って、テーブルについたとします。しばらく待っていたのだけれど、なかなかメニューを持ってきてもらえない。そこであなたは、ちょうどそばを通りかかったウェイターに、「メニューを見せてもらえますか」といいました。そこで、「少々お待ちください」といわれたとしたらどうでしょう。あなたは少し心配になるのではないでしょうか。

というのは、あなたはもう十分待っていて、それでもメニューが来ないから「メニューを」といっているのです。そこで「少々お待ちください」といわれては、そのウェイターは言葉は理解したけれどあなたの状況は理解していないということになります。もしもそのウェイターがマニュアル通りの返事ではなく「承知いたしました」もしくは「ただいまお持ちします」というのなら、あなたの思いが伝わった状態です。

ですから、相手を納得させるには、単に言葉の伝達では不十分なのです。思いの伝え方が問題になるのです。

036

期待に応えられる自分になる

これはある意味、幸福な人間関係のあり方のひとつかもしれません。というのは、だれかの期待に応えるということは、自分に期待してくれる人の存在があるからです。

仕事でも何でも、「させられている」とか「しなければいけない」という気持ちがあると、何かひとつの任務のようで、非常に苦痛です。でも、期待に応えたいと思ってやることというのは、場合によっては、単に自分がやりたいと思ってやる以上の成果が出たりすることがあります。

それはお互いの気持ちのキャッチボールのようなもので、たとえば投げるほうが、受けるほうの力量を考慮せずにむやみやたらとたくさん投げたり速い球を投げたり遠くへ投げたりすると、それはただのプレッシャーになったりします。逆に、受け取るほうだって、受け取りにいかずに、投げられた球をただその場で受けようと思うと、受け取り損ねたり、タイミングが合わずに痛い思いをすることにもなります。

期待している人がいて、それに応えたいという人が存在すると、その作用はかけ算になるのです。ただ単に足したらふたりで五になるところが、一〇にも二〇にもなる。また逆に、どちらかがゼロなら、もう一方が一〇〇でも二〇〇でも、いつまでもどうかけてもゼロのままです。それが人間関係のおもしろいところです。

そこで、自分の期待に応えてくれそうな人を探すほうが一見楽なのですが、見つけるのが難しいという、深い問題がここにはあります。ですから、いっそ自分がそういう人間、人の期待に応えられる人間になるほうが、実はよほど早いのです。それに、だれかに期待されるというのは、実はとてもうれしいものだと思うのです。期待されたらうれしいし、その期待に応えられたらもっとうれしい。さらに、期待に応えることでその人が喜んでくれたら、もっとずっとうれしい。こんなふうに考えられれば、人生は何倍も簡単に、何倍も楽しくならないでしょうか。

037

夢を見る。かなえようと決意する。そのときすでに、あなたはそれを手に入れている

「どんな夢も、強く願えば必ず実現する」。成功心理学では、もういい古されている感もある言葉です。そんなことはない、そんなことで夢がかなったらだれも苦労はしない、そう思う人は、どうしても実現させたいと思うほどの夢を持っていない人か、いままでに自分の夢をかなえたことがない人、もしくは、強く願うということの意味を勘違いしている人でしょう。

強く願うというのは、単に目を閉じて手を合わせて、一生懸命「願いがかないますように」と祈ることではないのです。その夢をかなえるためにはどうすればいいのかをすべて洗いだし、それを一つひとつクリアしていく自分を目の前に思い描くこと。それが「強く願う」ということです。そうして初めて、その夢が現実のものになり始

めるのです。

夢は自分の手でかなえるもの。「こうなったらいいな」と思っているのは、「だれかがかなえてくれたらいいな」と待っているのと同じで、それでは百年待ってもかないっこありません。

「絶対にかなえるんだ」と決意するということは、そのために必要なことをすべて、何があってもやり遂げるんだと決意したのと同じです。ということは、もう手に入れたも同然なのです。

あなたが自分の夢をかなえようと決意したとき、それは、実際にその夢をかなえたときとは、距離も時間も一見とても離れています。しかし、実は同じ地点にあるのです。その意味で、私は夢をかなえた人を祝福するのと同じレベルで、夢をかなえようと決意した人を祝福するのです。

どんな夢でもかまわないのです。大切なのは、夢を持つこと。そして、それを「かなえたい」と思うこと。どうかあなたの夢を手に入れられますように。

038

出る釘は打たれるが、出すぎた釘は打たれない

これは私が昔、サラリーマンをしていた頃に培った哲学です。

高校を出て楽器のセールスマンになった私には、よくカンが働くというのか、だれに教わったというわけでもないのに、セールスのツボというものを心得ている友人がいました。彼は、けっして無茶な飛び込みセールスや強引な売り方をしたわけでもないのに、どういうわけかほかの人よりも注文がたくさん取れていたのです。

さて、彼がそうやって注文をたくさん取ってきて売り上げが伸びるのは会社にとってもいいことのはずなのですが、そこはやはりいろいろと面倒なサラリーマン社会というもので、あれこれいう人も出てくるわけです。

かといって、「まだまだ若輩なのだから、気を使ってここは少しおとなしくしてお

こう」などということは一切考えなかったのが、彼のすごいところです。

「出る釘は打たれる」という言葉がありますが、これは周りから少しだけ出ているから、周りと同じような状態に戻そうとたたかれるわけです。それならいっそ、打とうとしても打てないくらいに、思い切り立派に出てしまえばいいんじゃないかと彼は考えたのです。「何をどうやってももう戻らないからこのまま放っておこう」、そう思わせたらこっちのものだと判断したのです。

この作戦は大成功で、前よりもさらに注文を取ってくる彼に、あれこれ余計なことをいったりする人はやがていなくなりました。

目障りというのは、その人の視線の範囲内で目立つから目障りなのであって、それならばいっそのこと、その人の視界から大きく飛び出てしまうくらいに目立ってしまえばいいのです。

どうせやるなら徹底的に、というのを私は彼から学びました。以来、私も何かをするときには出すぎるくらいとことんするようにしています。

039

「ぜいたく」はひとつのスタンスである

さて、「ぜいたく」というものは、いいものでしょうか。それとも悪いものなのでしょうか。それは、どちらでもありません。ぜいたくというのは、それ自体ひとつのスタンス、状態だからです。

これは私の知人の話なのですが、広尾の社長のお嬢さんと結婚したエンジニアがいます。社長のお嬢さんというくらいですから、蝶よ花よと育てられ、非常に豊かな生活をしてきました。その彼女は専業主婦となり、毎日旦那様のためにおいしいものを作ろうと、材料から吟味します。無農薬有機栽培の野菜や契約農家で放し飼いで育てている地鶏やその卵、魚はいいトロや平目や鯛を買い、肉は松阪牛や神戸牛を用意するといった具合です。さて、彼はこんな奥さんを「ぜいたくはやめろ」とたしなめるべきでしょうか。それははっきりいって、無理というものです。

なぜかというと、まず、奥さんのほうはそれをぜいたくとは思っていないからです。ずっとそういう生活をしてきた彼女にとっては、それはあたりまえのことなのです。もはやそれが彼女のスタンスなのです。もしもこれが、もっと平均的な家庭の娘さんがそういうことをすれば、話は違います。それはぜいたくを通り越して、「見栄」に近くなってしまいます。ということで、私は友人として彼に「あなたが頑張ってもっと稼ぐしかないでしょう」とアドバイスをしておきました。

「ぜいたく」というものは、本当はしようと思ってできるものではないのです。専用機に乗っている人に「それはぜいたくだ」というのは無意味です。だって、彼らはそれが必要だから乗っているのです。そして、しようと思ってぜいたくをした瞬間、それは「見栄」になってしまうのです。分不相応な買い物をして「ぜいたくしちゃった」というのは、実は「見栄をはっちゃった」とイコールなのです。そうならないためにはどうしたらいいか。それは自分の「分」を少しずつ上げていくことなのです。

040
相手が理解しないときは、自分の話し方に問題がある

自分はちゃんと説明してあげているつもりなのに、相手が理解を示さないということが、たまにありますね。そんなとき、「どうしてこんなことがわからないんだ」と、相手に腹を立ててしまったりしていませんか？

でも、ちょっと待ってください。ひょっとして、第三者から見たら、実はあなたの説明のしかたのほうに問題があるということもありうるかもしれないのです。相手が理解しないからと、そこでいつまでも怒っていても、そこから先には進展しません。

ですから、ちょっと考え方を変えて、自分の話し方を何か違うものにしてみるということも大事です。

王様が家来に話しているのではないのですから、自分のいいたいことを相手にわか

ってもらおうと思うのなら、とりあえずこちらも、わかってもらうための努力というものをしなければならないのです。

私はときどき、仕事で海外へ行って、ほかの国の人と話をしなければいけないときがあります。そこで、私が流暢に英語がしゃべれれば何も問題はないのですが、あまりうまくありません。それでも一生懸命話すのですが、やはり相手が、こちらのいうことがよくわからないというときがあります。それは明らかにこちらが何とかしなければいけないことなので、言い方や表現を変えて、これなら通じるかなと、いろいろとやってみます。それで通じたときは、「やった。よかった」と、ほっとします。

日本語同士なら、もっとずっと簡単なはず。それがなぜできないのでしょう。

壁を相手に、ひとりでテニスの練習をしようと思ったら、自分のところにきちんと返ってくるように、加減してボールを打ちます。ただ打ったら、ボールはあさっての方向へ飛んで行って、返ってこない。そのボールに腹を立てるのって、馬鹿馬鹿しいと思いませんか？

041

いいことというより、いい結果

世の中には、口のうまい人がたくさんいます。雄弁であるということ、思っていることを自分の意見としてはっきりいえるということは、いいことかもしれません。問題は、その人がそうやって耳ざわりのいいことばかりいっているけれど、実は何の結果も出ていないというときです。

企業だってそうだと思います。たとえば、社員がみんな明るくはきはきしていて、社内も活気にあふれていて、朝礼や会議などでもいい発表をしたり、いい意見をたくさん出したりする会社があるとします。社長もその雰囲気に非常に満足して、やる気のある社員がたくさんいることをうれしく思うでしょう。でも、そのまま半年たったとき、成果が出ていない、業績はちっとも伸びていないということになったら、社長の態度も一変するのではないでしょうか。「もう、いいことは何もいわなくてもいいから、とにかく結果を出してくれ」と。

いいことをいって、その通りのいい結果を出す、つまり「有言実行」ということができればまた別の問題ですが、たいていは、いいことをいうだけで終わってしまうことが多いのです。いいことをいってもいいのですが、その前に、とりあえず結果を出さないといけないのです。

もちろん、結果がすべてであるとはいいません。

結果はあくまでひとつの結果なのであって、それでその人の人格や資質を測るというのは不可能です。ただ、一〇のうち一〇全部とはいいませんが、やはりある程度の結果が出せていないと、どんないいことをいってもそれが色あせて聞こえてしまうのは事実です。厳しいようですが、それが社会の現実というものでしょう。ですから、結果が出せないのを口でカバーしようとするのではなく、とりあえずひとつでも結果を出すよう努力するべきなのです。

042

うまくいかなかったのは、「やれなかったから」か「やらなかったから」かは、自分が一番よく知っている

何かがうまくいかなかったとき、その原因を考えると、最終的には自分に戻ってきます。スケジュールをクリアできなかったのも、相手を説得できなかったのも、条件や状況が予想していたのとまるで違ったのも、そのほかいろいろな不測の出来事があったのも、自分がもう少しきちんとできていたら、何とかなったかもしれない。

さて、そんなとき「自分の能力が足りなかった」というのは簡単です。それは、自分は一〇〇%やれるだけのことをやったけれど、事態は自分のそのキャパシティを超えていたということにすれば、もうそれ以上どうしようもないからです。

でも、本当にそうでしょうか？

確かにあなたは、そのとき「これが自分の一〇〇%だ」と思う努力をしたのかもし

れません。でも、それが実は一〇〇％ではなかったとしたら？　あなたが勝手に「自分の能力はここまで」と考えていただけで、本当はもっともっとできる人だったとしたら？　ただ、やり方がその能力を引き出すものではなかったとしたら。いえ、ひょっとしたら、本当はもう少しできたはずなのに「まあいいや」と思ってそこでやめてしまっていたのでは？　そして、それは自分しか知らない、自分だけが知っている。

「これでもう限界」と思ったときに、「ひょっとしたら、自分はもう少しできるかもしれない」と考えないということです。一〇〇％やらなかったということです。一〇〇％努力するということは、いまこの段階の限界だけに目をやるだけではなく、そこから先の可能性のことまで考えるということなのです。だって、今日できないことでも、明日はできるかもしれないからです。

自分自身を低く評価しすぎると、できるはずのものまでできなくなってしまいます。本当はできたはずなのに。そして、それは自分がよく知っているはず。「できなかった」「私には無理だった」で終わりにするのは、もうやめませんか？

043

おだてられて天まで昇ろう

いいことをいわれたら、素直に喜ぶ。これって、かなり簡単なことだと思うのですが、どうもうまくできない人もいるようです。

おだてられたら、裏があるとか思わずに、とりあえずそのままいい気分になってみましょう。「豚もおだてりゃ木に登る」という言葉がありますが、豚でさえほめられてうれしくなったら登ってしまうのです。それなら人間は木ではなまぬるい。もっともっと素直に信じて、天まで昇るくらい喜んでしまうのです。

謙遜やら謙譲やら、日本には「控えめにしておくほうがいい」という文化がありますが、それも時と場合によるのではないでしょうか。確かに、ふだんから何でもかんでも「私が」「俺が」というのは感心しませんが、人がせっかくほめてくれたときには、「ありがとう」といって喜んでも罰は当たらないと思うのです。

欧米では、とにかくよく人をほめます。自分の家族のことを他人に話すときでさえも「うちの奥さんは料理がとても上手なんだ」「うちの娘、数学がとてもよくできるの。このあいだも満点をとったのよ」と、本当にうれしそうに話します。それは自慢というよりも、だれかが何かすばらしいことをしたときには、それがだれだろうがきちんとほめ、ほめられた本人も素直に喜ぶのが当然なのです。ところが、日本人はあまりそういったことに慣れていないせいか、いいことをいわれても「いいえ、そんなことないです」「とんでもありません」などと、ときにはほめたこちらのほうが「あれ、ほめないほうがよかったのかな」と思うくらい謙遜します。

いいことをいわれて喜ぶ人、つまり、ほめがいのある人には、だれだって「もっとほめてあげよう」と思うから、それに値するいいことを探してくれます。そうして、自分でも気づかなかったいい点を見つけてもらえたら、それはまたラッキーなのではないでしょうか。

044

「そこそこ」という言葉には、不満もないけれど満足もない

これは私の個人的な意見なのかもしれませんが、「そこそこ」という言葉には、達成感というものがないような気がするのです。「やった!」という感じがどうもない。私はこれをよく講演などで話すのですが、それは、みなさんに、妙なところではまってほしくないと思っているからです。

人間というのは、満点ではなくとも、及第点やある程度の点がとれればもうそれではまってしまいます。「別に私は不自由しないからこれで十分」というふうに。でもそれは、一番中途半端な位置だと思うのです。不満もない代わりに、本当の意味での満足もないのですから。

本当にその人がそのレベルが精一杯というのなら、私ももうそれ以上うるさいこと

はいいません。でも、いままでにたくさんの人に会いましたが、たいていは「この人は、自分で思っているよりも絶対にもっとできるのに、どうしてこんなところでそこそこの状態でいるんだろう」と思う人たちばかりでした。

たとえば、あなたが陸上の大会で棒高跳びに出場して、六メートルの記録を出したとします。それは大会新記録である。ほかの選手で、もうそれ以上の記録を出しそうな人はいない。状況としては、「もう十分」です。黙っていても、あなたは優勝するでしょう。入賞はもう間違いない。でも、そこでもう一度挑戦してみてはどうでしょう。六メートル跳べるなら、六メートル五センチだって跳べるかもしれません。

その五センチはあなたがこの大会で勝つためには、もう必要ないかもしれません。でも、あなたの可能性を伸ばすためには、どうしても必要な五センチなのです。

結果的に、あなたがその五センチを跳べるかどうかよりも、そこで跳ぼうとするかどうかのほうが大切なのです。「もう十分」かどうかを判断するのは、十分かどうか、やってみてから決める。そこそこで止まっていないでほしいのです。

045

したことへの後悔よりも、しなかったことへの後悔のほうがずっと大きい

何かに挑戦して、うまくいかなかったとき、望んでいた方向に進まなかったとしても、それでまた次の展開というものがきっとあります。自分から行動を起こした結果の失敗は、何かの形であなたの中に残り、やがてあなたの能力の一部となるのです。

人生はあなたが何かをしたことによる、小さな連鎖反応からできています。期待していたことでなくても何かが起これば、それはまた別の何かを起こします。何もしないと白紙の状態です。反応はそこでストップします。何もしないと、悪いことも起きないかもしれないけれど、いいことも絶対に起こらないのです。

それに、人間というのは、実は「何もしなかった」ことに対しての後悔のほうが、あとあとまでしつこく残るものです。それは、たいていの場合、本当に手も足も出な

くて、黙っているしかなかったということはないからです。ほとんどが、「できたはずなのにやらなかった」なのです。

欲しいと思う服があって、無理をすれば買えない金額じゃないけれど、でもやっぱりやめようかなと悩む。ここでえいっと買ってしまった人は、不思議と「やっぱりやめればよかった」とはそれほどならないものですが、買うのを思いとどまった人は、大体「買っておけばよかった」となります。また、不思議なもので、そういうときにかぎって、あとで思い直して買いに行くと売り切れていたりして、よけい悔やんだりするわけです。

好きな人がいたら、思い切って告白するほうがいい。それで振られても、それはそれでさっぱりとします。それで別の人が実はあなたを好きだったことがわかり、その人とつき合って幸せになったとか、別の展開もあるかもしれません。でも、何もいえずになかったことにするのは、いつまでも尾をひくものです。したことへの後悔よりも、しなかったことへの後悔のほうが、いつだってずっと大きいのですから。

046

一%の可能性に対し、一〇〇%努力する

英語で「It ain't over, till it's over」という言葉があります。日本語に訳すると、「終わるまで、終わりじゃない」というような意味になります。そんなのあたりまえじゃない、というのは簡単ですが、そういう人の何人かは、終わりになる前に、自分で勝手に終わりにしていることがままあるのです。

「もうおしまいだ」と思った瞬間のほとんどは、実はまだ終わっていないのです。私たちの多くは、そこから挽回できる可能性がまだ二〇%も三〇%も残っていたとしても、たいてい四捨五入して、それで終わりにしてしまいます。でも、可能性がまだ一%でも残っているかぎり、それはまだ終わっていないのです。そして、その一%は、あなた次第で変わるのです。ここで一%しかないからと何の努力もしなかったら、そ

れは一%にもならず、ゼロになります。だけど、一%でも、何とかしようとしがみついて頑張ったら、一〇〇%につながっていく可能性だって出てくるのです。

たとえば、F1やインディカーなどの自動車レース。スタートで出遅れて一〇位になってしまい、ちょっとやそっとじゃ一位との差はつめられない。でも、ここで「もうだめだ」とレースをやめてしまったら、優勝する確率はゼロになります。優勝するために九台抜くのは簡単ではありませんが、それでもそこであきらめずにしがみつくことで、何かが起こるということもありうるのです。前の何台かがリタイヤするかもしれないし、トラブルでスローダウンしたところを抜けるかもしれない。ひょっとしてある車はゴールのあとに何か規定違反が見つかって、失格になるかもしれない。

以前もテニスの全仏オープンで、ヴィーナス・ウィリアムスがマッチポイントをとりながら、予選上がりのオーストラリアの無名に近い選手に負けたこともありました。

これらはすべて、ぎりぎりまで頑張った人にのみ開かれるドアの向こうの世界のことです。ですから、本当に終わるまでは、一〇〇%努力することが大事なのです。

047

嫌なことがあったときこそ笑ってみる

「おかしくもないのに笑えるか」――そうかもしれません。まして、嫌なことがあったときに笑えといわれても、そんなことできるわけがないと思うでしょう。でも、そこをあえて笑ってみることで、大きく道が分かれるのです。

嫌な気分をそのまま引きずっても、何もいいことはありません。ですから、とりあえず笑うことで、それを断ち切るのです。

笑顔や笑い声には、いろいろな効用があります。医学的見地からも、笑いには免疫力を強め、ガンをはじめとする病気の治療にも効果があるという報告もあるくらいなのです。まあ、そこまで難しく考えなくても、仏頂面をしている人よりも、笑顔の人を見るとほっとしますし、シーンとして空気の重いお店よりも、明るい笑い声が聞こえるお店のほうに、つい入りたくなるはずです。

笑顔や笑い声は伝染しますし、また、ひとりよりも複数の笑顔や笑い声のほうが、楽しさも倍増します。また、あまり笑わない人よりも、つねによく笑う人のほうが、何かうまくいかないことがあっても対処するのがうまいように思えます。

私の家も、笑いが絶えない家でした。お茶の間に集まってはみんなで自慢話をしたものです。普通の家だったら「自慢なんてするもんじゃない」といわれるかもしれませんが、わが家では違いました。私が学校でほめられたとか、上の姉がのど自慢で鐘をいくつ鳴らしたとか、どんな小さなことでも自慢し合い、それをみんなで喜び、ほめ合い、笑い合っていたのです。もうとにかくにぎやかな家で、当時からちょくちょく家にやってきて、のちに姉と結婚した義兄にいわせれば、「みんなちょっとおかしいんじゃないかと思うような家」だったそうです。でも、そうやってよく笑う家に育ったおかげで、私は小さな失敗は笑い飛ばせる大人になりました。この余裕が人生では大事なのです。みなさんもぜひ、つまらないことは笑い飛ばしてみてください。

048

知識も大事だけれど、知恵はもっと大事

知識はもちろん大事です。知らないよりも知ってるほうがいいに決まっています。

でも、それだけでは不完全だと思うのです。

私はやはり、知恵のある人にあこがれます。知恵のある人というのは、知識をうまく使いこなせる、知識を生かして、もっとすごいことができる、そういうニュアンスがあるのです。

少々乱暴なたとえになりますが、知識だけがあっても、それは百科事典を持っているようなものです。持っていること自体はいいことなのですが、ただ持っているだけでは何にもならないどころか、場合によっては単なる粗大ゴミにしかなりません。

知恵のある人というのは、その百科事典を使って、どこをどう調べたら求めていた

答えが得られるのか、さらにはそれ以上のことも調べられるのかがわかっている人だと思います。

知識というのは、教わったり、見たり聞いたりして知っているものですが、知恵には、それを使う人のアイデアがある。それが決定的な違いではないかと思うのです。

A地点からB地点へ行くのに、一〇通りの行き方があるとします。それを知っているというのは知識ですが、時と場合に応じて、どの行き方がベストなのかをチョイスできるのが知恵です。臨機応変に知識を生かせるのが、知恵のある人のすごいところなのです。そういう意味で、身近なところで私がすごいと思うのは、タクシーの運転手さんです。彼らには毎日の運転で培ってきた知恵がたくさんあります。たとえば、私の家から羽田空港まで行こうとしたら、環八を通って行けばいいというぐらいの知識は私にもあります。でも、運転手さんは途中の蒲田から右折して、違う道を通るかもしれない。それは、その時間帯はそのほうがすいていて早いという知恵を持っているからです。知識を使いこなせる知恵って、大事ですよね。

049

本当の欲張りは、もらうだけでなくあげるのも好きなもの

欲張りな人というのは、普通の人よりも「欲張りパワー」というものが強いものです。何かを手に入れるパワーが強いから、人から何かもらったりすることも多い。ここで、もらうだけで終わっていると、それは単なる「ケチ」ということになりますが、欲張りな人はそこで終わらないわけです。人にもあげてしまう。もらってうれしいと思ったら、それをほかの人にも味わってもらおうとする。そうすることによって、また自分もうれしくなりますから、うれしいことが何倍にもなるわけです。

もちろん、私もかなりの欲張りですから、機会をつくっては、人に何かをあげて、みんなで喜ぶということをしています。私は自分が幸せになるだけでは満足できず、幸せな人をたくさん周りにおきたいのです。

先日、みんなでボウリング大会を開催したときにも、私は自分の欲張りパワーを発揮しました。優勝した人に、賞品を出したのです。それは、香港への飛行機の往復チケットでした。私は仕事で海外へ行くことが多く、さらにいつもファーストクラスを使うので、けっこうマイレージがたまるのです。そのときも香港へ往復できるくらいのマイレージがたまっていて、その上スケジュールの都合で、使える期限が近づいていたのです。そこで、「あ、これを賞品に出したら、みんな喜ぶかな」と考えたのです。案の定、みんなそれでさらにやる気を出して、ボウリング大会はかなり盛り上がりました。賞品をもらった人が喜んでいたのはいうまでもありませんが、賞品を出した私も、とてもうれしかったのです。そのとき改めて、「自分が欲張りでよかった」と思いました。自分が欲張りだから、いろんなものが自分の周りに来るし、それをまた周りの人たちにあげることができる。そうすると、みんなで喜ぶことができて、みんなでうれしい。これが欲張りでないと、何も持っていない。持っていないと、あげることができない。そう考えると、欲張りでよかったなあと思えてくるのです。

050

どんなことでも、したことは返る

私は特定の宗教を信じているわけでも、かといって無神論者でもないのですが、なぜか小さいときから「どんなことでも、したことは返る」というような気がしていました。それがいいことでも悪いことでも、です。

私がそのことを決定的に感じたのは、ある出来事からです。もう時効だと思うのでときどき人にも話すのですが、私は子どもの頃に一度だけ万引きをしたことがあります。チューインガムがどうしても欲しくて、近所の駄菓子屋からそれを盗んで、走って逃げました。いまから何十年も前の話で、当時はお菓子が貴重品だったのです。

さて、逃げたはいいものの、あまりに慌てたのか、私は途中でつまずいて転んでしまい、しかもそのとき地面に顔をしたたかぶつけて、何と歯が欠けてしまったのです。

チューインガムと歯。このふたつを比べると、歯のほうがずっと大事です。というより、そのときはあまりの痛さと、そしてせっかくチューインガムがあっても、歯が痛ければ食べられないということに気がついたのです。

「バチが当たった」と思いました。悪いことをしたので、それが何倍にもなって自分に返ってきたのだと思いました。怖くなってすぐにガムを返しに行き、謝りました。「二度とするもんか」と、心から思いました。

そのときは子どもだったので、余計素直にそんなふうに思ったのです。以来、「悪いことは割りに合わない」という真理が身に染みました。それからは、なるべくいいことをするように心がけてきましたが、そのほうが精神的にもずっと楽ですし、実際自分にもいいことが起こりやすいと思います。

いいことでも悪いことでも、したことは全部自分に返ってくる。それなら、どうせするならいいことをしたほうがいいに決まっています。返ってきても困らないようなことをする、これが私のモットーのひとつなのです。

051

わからないのは、わかるまで続けないからである

どうも私の周りには、簡単に「わからない」といってしまう人がたくさんいるようで、そんなとき、私はいつも、「それはあなたがわからないんじゃなくて、わかるまでやらないだけです。わかるまで続けてみなさい」というのです。

だって、みんながそうやって騒いでいることのほとんどが、実は「わかること」なのですから。わかることに対して「わからない」といっているほうがおかしいというのが私の発想です。

たとえば、だれかが「薫さん、ビデオの撮り方がわからないんですが」という。そうしたら私は「それはわかることです」と答えます。だって、ビデオの撮り方なんて、そんなものわかることです。説明書を読んでその通りにやってみるか、わかる人に聞

いてやってみるかすれば、すぐわかります。それを「わからない」といって立ち止まっているからわからないのです。別のだれかが「薫さん、この書類の書き方がわかりません」といったら、私は「それはわかることです。いま説明します」といって、書き方を教えます。

だれかがあなたに「〇〇の定理を利用して、〇〇の方程式を解きなさい」とか、「アフリカの〇〇民族に古くから伝わる言語を使って、『源氏物語』を訳してみなさい」とかいったのなら、それは確かに「わからない」ことです。でも、普通に暮らしていたら、だれもあなたにそんなことはいわないはずです。たいていは、あなたが自分の力でどうにかできるはずのことしか起こらないのです。だから、何かが「わからない」というのは、いまこの時点だけで輪切りにして考えるからわからないのであって、本当はわかるところまでつながっているのです。いまはわからなくても、三十分考えたらわかるかもしれないし、今日はわからなくても、明日わかるかもしれない。だから、わかるまでやってみることが大切なのです。

052

好きなものを「好き」といえるプライドを持つ

自分が好きなものを「好き」というのは、私にしてみればとても自然なことだと思うのですが、なぜかそれができない人も世の中にはいるようです。「自分がこれを好きだといったら、周りの人にどう思われるだろう」と、おどおどした気持ちを持ってしまう。でも、そんなことで周りを気にしているのは、自分自身がないのと同じです。自分が考えているほど、周りはあなたの趣味や意見に対して細かく分析したりはしないものですから、気にしないことです。

私は、自分の好きなものを「好き」というのは得意です。クラシック演奏家が一〇人いる前でも、平気で「天童よしみが大好きです」といえます。クラシック演奏家の前で、演歌歌手が好きだなんていったらどう思われるか、などということは一切気にしません。かといって、私は「演歌が一番」というわけでもなく、オーストリアに行ったときにはハプスブルグ家の血を受け継ぐマルクスファミリーと、宮殿でヨハン・シュトラウスの曲の演奏を聴いたときもとても感動しました。自分自身にプライドを持っているから、好きなものは「好き」といえますし、第一、自分が好きなのにそれがいえないということは、最終的には絶対損なのではないかと思うのです。

たとえば、仮にあなたがアーティストのAさんという人が好きだったとします。だけど、そんなことといったらみっともないし、笑われるかもしれないと思って黙っていたとします。でも実は、私もそのAさんが好きで、しかもAさんの関係者も知っていたとしたら、そこであなたがひと言いえば、「え、あの人今度来日するんだけど、じゃ、会わせてあげようか」ということになるかもしれません。そうしたら、ラッキーでしょう。それが黙ったままだったら、何も起こらないのです。縁もつくれないし、ドラマもつくれない。だから、本当に自分が好きなものだったら、正直に「好き」といえるプライドを持っていたほうが、生き方としては便利だと思います。

053

平凡な人生とは、退屈な人生のことである

ひょっとして、ずっと平凡な人には、不可解な言葉かもしれません。「平凡のどこがいけないの？」と聞かれるかもしれません。でも、そうしたら私も聞き返したいのです。「じゃあ、平凡のどこがいいの？」と。

何か生きがいを持ったり、仕事でも趣味でもやりがいを持って楽しく働いている人、いまよりも次の可能性を求めていつもチャレンジ精神を忘れないという人たちにとっては、この「平凡」というのが一番怖いものなのです。それなのに、「私は平凡な人生が好き」という人は、単に波風のない、いつも同じような状態が好きなのでしょうか。いままでも何もなかった代わりに、これからも何もないような気がする、そんな状態、私には想像がつきません。

「中島薫は意地悪だ」といわれるのを覚悟であえていうと、「私は平凡が好き」というのは、単なる負け惜しみなのではないかという気がするのです。自分でも本当は平凡な人生なんていやだと思っているけど、つい逆のことをいってしまっているのです。もうこの平凡からある程度抜け出せないということが自分でもわかっているから、とりあえずそれを肯定しておこうという安全策のひとつなのではないでしょうか。

と同時に、これはある意味逆説的ですが、平凡な人生というのは基本的にありえないのです。

私たちの周りでは、毎日いろいろなことが起きていますし、たくさんの選択をして、いくつもの可能性の中からひとつを選んで生きているのです。ですから、退屈している暇はないはずなのです。それでも一見平凡に見える人は、感性がマヒしてしまっているということです。それではあまりにもったいない。感性のサビを落として、人生の感動を見つけてほしいのです。一見平凡な日々を送っていても、ある何かやだれかと出会ったことによって、平凡から卒業できるということもまたありうるのですから。

054

大事なのは「自分を好きかどうか」

あなたは、自分のことが好きでしょうか。私は好きです。

こんなことをいうと、「中島薫は、なんて自己中心的で嫌な奴だ」と思われるかもしれません。でも、ちょっと待ってください。私は何も、自分が一番であるとか、自分は正しいとか、自分はいい人であるとか、そんなことをいっているのではありません。いえ、むしろ、「いい人」という観点から見れば、悪くはないですが、そんなにいい人ではないと思います。

でも、「いい人」であるということに、そんなに価値はあるものなのでしょうか。

そもそも、「いい人」というのは、どんな人のことをいうのでしょう。「だれにでもやさしい人」「周りに害を及ぼさない人」……私の感覚では、それは単なる「あなたにとって都合のいい人」「どうでもいい人」に近いものがあると思うのですが。というのは、たいていの場合だれかにとってのいい人になってしまっているからです。いい人になるのなら、自分自身にとってのいい人にならないといけないのです。

それは、自分を肯定できる人、自分を受け入れられる人、つまり、「自分を好きな人」なのです。自分が好きな人なら、自分の自発的な行動を認めることができるし、たとえそれでうまくいかなくても、失敗ごと受け入れられます。そして、そのたびにいろいろと学んでいけるのです。でも、自分が好きでなかったら、失敗した自分を許せないし、失敗しないように、自分がいいと思うことよりも他人がいいと思うことを基準にしてしまうのです。それでは人生とうまくつき合ってはいけません。

自分で考え、自分で選び、自分で物事に対処するたびに、そういう経験を少しずつ積み重ねていくたびに、人は少しずつ強くなっていくのです。その強さが、人生におけるあなたの味方になるのです。そのための基本はまず、自分を好きかどうか、ということなのです。

055

思いの強さがすべてを可能にする

「思っただけで何でもかなったら、だれも苦労はしない」。そう思った人がいても、何の不思議もありません。だって、その通りなのですから。

「今度の試験で満点が取れたらいいいな」「好きな人とうまくいけばいいな」「次の取引がまとまればいいな」。そう思うだけでうまくいくはずがないのはあたりまえです。それを現実にするための努力を何ひとつせずに、ある日突然それがかなうなんて、ありえないことです。

大事なのは、「どうしてもかなえたい」と思う気持ちです。「どうしても」と思うことによって、それを達成するに必要なことはすべてやり遂げるという意思が出てきます。その意思を最後まで、つまりかなえたいことをかなえるまで持ち続けた人だけが、

「こうしたい」と思ったことを実現できるのです。過去にそうやって、「どうしても空を飛びたい」と思った人がいたから飛行機ができ、「どうしても宇宙へ行きたい」と思った人がいたから宇宙船やロケットなどの技術が発達し、「どうしても海の底が見たい」と思った人がいたから潜水艦や深海探索船ができ、「どうしても離れている人と話がしたい」と思った人がいたから電話が発明されたのです。

みんな、そういう技術が発達する前までは、そんなこと不可能だと思われていたことです。それすらも、人間はその強い思いで現実にしてきたのです。そう考えると、あなたが「今度の仕事は成功させたい」「次の大会では記録を伸ばして入賞したい」と強く思ってそのために頑張ったら、きっとかなうに違いありません。

問題は「どうしても」と思う気持ちなのです。そして、「どうしても」と強く願って頑張る人には、どうしてもの神様が味方してくれるのです。私はいつもそんなふうに考えているのです。だから、どうしてもの神様が出てきてくれるくらい、強く願って、一生懸命努力する、それがあなたの夢を可能にするのです。

056

成功はゴールではなくスタートである

私は基本的に、自分の一番の敵は満足だと思って生きているので、何か成功したときには、もうその瞬間、次の自分のゴールをつくるのが好きなのです。満腹とか満足には、次がないような気がするからです。

これは単に、無理をしろといっているのではありません。成功して、それで終わってしまうのはもったいない、それを終着点にするのは、何か自分で自分の限界を決めてしまっているような気がするのです。本当はもっとできるかもしれないのに。

ここまで来られたということは、ひょっとしてもっと先まで行けるかもしれない。

そんなふうに、もう少し自分を買いかぶってもよいのではないかと私は思うのです。

また、成功した人、ある程度到達した人じゃないとわからないことというのもあります。というより、そうすることによって、また新しい視点が開けてくるものなのです。自然と、次のステップが見えてくるし、向上心もどんどん磨かれてくるのです。「これができたんだから、もうひとつやってみようかな」というようなセンスが出てくる。自信がつくということもあります。

チャップリンは「代表作は?」という問いに、いつも「次の作品です」と答えていたそうですし、映画『スター・ウォーズ』は、いつも次回作がさらにすばらしい。ゴールをゴールのままにしてしまうと、そこで止まってしまいます。それよりも、たくさん目標があって、たくさんクリアできたら、ドラマも縁もたくさん生まれるし、自分の財産が増えていくことになるのです。

財産はたくさんあったほうがいい。そして、ゴールをスタートとイコールにできたら、何かひとつのものを達成できた瞬間と、新しい何かに向かって歩き始められる瞬間と、人生の尊い瞬間が二倍になるのです。自分の可能性を伸ばすことができるのは自分だけです。新しい一歩を踏み出すのを恐れないでほしいと思います。

057

お金をいくら持っているかより、お金で計れないものをいくら持っているか

お金はないよりあったほうがいいと思いますが、世の中やっぱり、お金だけがすべてではありません。私もある程度お金は持っていますが、それでも、お金をたくさん持っている人より、お金で計れないものをたくさん持っている人のほうに興味がいきます。自分も、そういうものをたくさん持とうといつも思っています。

たとえば、時間。それはただ単に時間がたくさんあるということではありません。それではただの暇な人です。好きなことをする時間、思う通りに使える時間がいくらあるかということです。また、お金だけ持っている人は、逆に孤独も持っています。お金があっても、忙しくて友人とゆっくり話す時間やおいしいものを食べる時間、好きな音楽を聴く時間もないというのでは、何のために生きているのでしょう。

それから、友人。あなたが困ったとき助けてくれたり、悩みを聞いてくれたり、うれしいときに一緒に喜んでくれたりする人がいるというのは、すばらしいことです。

そして、感動。私は感動というのは、人生のステイタスの一種だと思います。「すごい!」「すばらしい!」と息を飲む瞬間がどれ程あるかで、人生の豊かさが決まるような気がします。私は九八年度のアカデミー賞の受賞式に出席する機会を得たのですが、一三部門受賞の『タイタニック』の主題歌をセリーヌ・ディオンが歌うのをこの目で見たり、七十周年記念ということで過去の受賞者のほとんどが列席しているという華やかな雰囲気を十分に味わいながら、お金では買えない感動を実感しました。

ほかにも感動はたくさんあります。セイシェルの海に沈む夕日、北極圏の冬の夜空に輝くオーロラ、ルノアールやゴッホなどの名画、ショパンのピアノソナタ、または海外旅行から帰ってきて食べるお茶漬、芽を出したばかりのチューリップ、雨上がりの虹、クリスマスの雪。何でもいいのです。この「!」というびっくりマークがひとつ増えるたびに、あなたの人生にも豊かさがひとつ増えていくのです。

058 人の体温がわかる人になる

「ビジネスで成功して、年収が数億円というから、どんなすごい人かと思っていたら、普通の人ですね」――初対面の人に、私はよくこんなことをいわれます。ファッションのほうは少し派手目かもしれませんが、性格はいたって普通だと私は思っています。

少し小金や権力を持つと、やたらと威張りたがる人がいますが、偉いつもりでいるのは本人だけ、周りから見ればそういう態度はみっともないだけです。だいたい、威張る、威嚇するというのは、その人の中に実は非常に弱い部分があり、それを隠そうとして、そういう攻撃的な態度に出てしまうのではないかという気がします。

私は人と話すときには、「相手と目線を一緒にする」ということを心がけています。

極端な例ですが、赤ん坊と遊ぶとき、上から見下ろしながらあやそうとしても、なついてもらうのは難しい。赤ん坊が絨毯に寝ていたら、やはり自分も絨毯に横になり、同じ目線の高さで話しかけることで、赤ん坊も心を開いてくれるのです。

大人も同様です。相手と同じテンション、同じ目線で話すことで、相手は自分のいいたいことがいえる、聞きたいことが聞けるのです。それは相手が会社の社長でも、中学生でも、芸能人でも同じです。人の「体温」を瞬時につかむのです。この場合の「体温」とは、その人の持つ雰囲気や考え方や好み、場の空気のことで、これがわかるようになると、人とつき合うのがもっとうまくいくようになるのです。

少し前に、ロサンゼルスのシュライン・オーディトリアムというところで講演をしたとき、ゲストにケニー・Gを呼びました。彼の演奏のあと、私がちょっと余興で、縦笛で彼の『シルエット』を演奏していたら、彼が再びステージに現れ、一緒にその曲を演奏してくれたのです。世界中で何千万枚もCDが売れているような人なのに、しろうとが自分の曲を縦笛で吹いているのを聞いて、ステージに出てきて一緒に演奏してくれるなんて、彼もまた、人の体温のわかるすばらしい人だと思うのです。

059

夢中になれば、どうでもいいことは気にならなくなる

ということは、逆の言い方をすれば、夢中になっていないときには、いろいろなことが気にかかるということです。

ふだん気にしないような小さなことにも神経をとがらせたり、人のミスも許せなくなってしまいます。

何かに夢中になっているときは、ちょっとしたアクシデントが起きても「大したことじゃないから大丈夫、平気」となることが多いのです。

夢中になっているということは、そのことに真剣に集中しているということですから、注意の配分が違ってきます。だから、「自分はどうも注意力が散漫で」とか「飽きっぽい」という人は、物事に集中できにくい、したがって細かいことも気にかかる

のです。

まず、自分がいまするべきことを再確認しましょう。そうすれば、自然と作業の優先順位も決まってきます。

そして、私がいつもいっているのは、「やるべきことを好きになる」ということ。ここで「気が進まないけれど、やらなければいけない」と思ってしまうと、すべては水の泡です。義務という考えを捨てて、自分にはいまこれからこのやりたいことをやる権利があるというふうに考えます。さらに、それが完成したときを想像してみて、イメージできれば完璧です。そこに向かって進むだけです。

「やりたい」から「できる」に移行できれば、もうそこに到達することは決まってしまいますから、途中でちょっと邪魔が入ったり、多少うまくいかなくても、いちいちイライラしたり惑わされたりしにくくなるのです。

大切なのは、最終的に完成させるということです。途中の道が砂利道だろうがアスファルトだろうが、頂上に立てば関係ないのですから。

060

本当のやさしさとは、強いものである

一見やさしい人というのは、絶対に、見えないところに強いものがあります。ふだんはジェントルでやさしいものには、強いものが秘められているのです。

だれにでもやさしくしてあげられる人というのは、生き方が強いということがいえます。強くなければ、人にやさしくはできないからです。

強いとやさしいは、同居しているものです。動物の社会でも、お母さんは子どもにやさしいですが、敵が襲ってきたときにはその子どもを守るため、お母さんが闘って追い払います。

弱い人というのは、自分のことしか考えられない、自分のことで手がいっぱいになってしまう。余裕がないので、他人にやさしくはできません。

人にやさしくするためには、強く、しかも余裕がないと難しい。

余裕があるというのは、「強い」という部分をベーシックに隠しておくことができるということです。そうやって、根っこのところに自信があると、強いということをことさら強調する必要がなくなります。だから、ふだんはやさしい部分だけを見せておくことが可能なのです。

逆に、本当に強くない人は、「強い」という部分を強調しなければいけない。だから余裕がなくなってしまうのです。

それから、人にも自分にもやさしい人というのがいますが、それは「やさしい」というのとはちょっと違います。ときには闘える、ときには厳しくできるというものがないと、それはただの「甘い人」です。「甘い人」というのは「弱い人」です。よくないこともいいことにしてしまって、それですませてしまう。根っこに強さがない。

強いだけでも、やさしいだけでもだめ。難しいかもしれませんが、いつも「本当のやさしさ」ということにこだわっていたいと思うのです。

061

幸と不幸はレコードのA面とB面

いいことと悪いことは、ちょうどレコードのA面とB面のように、裏表というか、セットになっていると、私はいつも思うのです。

嫌なこと、不運なこと、うまくいかないことが大きければ大きいほど、あとで、それと同じくらいの面積の、いいことや幸運が必ず待っている。そう思っていれば、何かうまくいかないことが起きても、その前にある程度心の準備もできるし、反対に悪いことが続いていても、少し余裕を持っていられるのです。

「少し楽天的すぎはしないですか」と、そう思う人がいるかもしれません。でも、考えてみると、心理学的に見てもこれは納得がいくことなのです。

何か悪いことが起きると、人は「この状態が続くと大変だ、何とかしなきゃ」と、体の中に危機に向かう心構えができます。これが結果的に、物事をいい方向へと回転させていくのではないでしょうか。

反対に、いいことが起こると、人はどういうわけかあまり用心せず、いい気になったり、ほっと気を抜いたりします。この気の緩みや油断が、つい失敗や不運を招いてしまうのだと思うのです。

自然界に目を向けると、光と影、晴れの日と雨の日、火と水、夜と昼というふうに、この世の中は、ぶつかり合うもの、相反するものがたくさんあります。そして、それはただぶつかり合ったり相反したりするだけでなく、お互いに補い合ったりもするのです。このバランスが、自然のバランスになっているというわけです。

ですから、いいことと悪いことというのも、どちらも等しく存在しているものなのだと思います。それをどう受け止めていくかというのは、私たちに託された問題です。それを忘れないようにしていれば、幸と不幸に振り回されずにすむのではないかと思うのです。

062

心の目線をいつも高く持つ

私たちの周りでは、毎日いろいろなことが起きます。事件や事故、それは大きいものではなくても、たとえばお皿を割ったとか、ファックスの調子が悪くなったとか。それから、何か嫌なことをいったりしたりする人に出くわしたりとか。そういうことはもう毎日起きます。そこで大事なのが、自分がそういう小さいこと、つまらないことに振り回されてしまわないということです。そのレベルまで降りていかないということが重要なのです。

だから、何が起きるかではなく、起きていることにどう対処するのかが問題になってきます。

以前のことですが、私が主催したある講演会にゲストスピーカーとして招いた方の名前が、パンフレットに間違って記載されるということがありました。その方は橋本起久子さんというお名前だったのですが、「起久子」が「紀久子」になってしまっていたのです。当日、講演会も半ばを過ぎるころになってそれに気がついた私は、慌てて彼女に謝りに行きました。しかし、彼女はまったく気にするどころか、「あら、全然気がつきませんでした。でも、いいじゃないですか。これって、野茂投手の奥さんと同じ字ですね。うれしいわ」といって、にっこり笑ったのです。

私はびっくりしてしまいました。まず、普通ならクレームものです。しかし、彼女は怒るどころか、笑い飛ばしてしまった。このおおらかさに、ちょっと驚いたのです。

彼女のこの対処を見ていて、私は、腹が立つことが起こるのではなく、起こったことに腹を立てる私たちがいるのだ、と思いました。そして、いちいち怒ったり悔しがったりするのは、自分で自分の目線を下げることにより、自分のレベルも下げているのだと。ですから、足もとで起こることに惑わされないよう、心の目線をいつも高く持つことが大切なのです。

063

自分に拍手できる人になる

一生懸命努力したとき、それがたとえうまくいこうがいくまいが、自分がどれだけよくやったかということは、ほかのだれでもない、自分が一番よく知っています。反対に、少しでも手抜きをしたり、ずるく立ち回ったりして、その結果うまくいって周りからほめられても、それに値する働きを自分がしたのかどうかは、やはり自分が一番よく知っています。自分だけはごまかせないのです。

だから、自分で自分に拍手できるということは、だれにも胸を張って「私は精一杯頑張りました」と誇れるということなのです。嘘やごまかしのない、美しい瞬間だと思うのです。

アトランタオリンピックでも、マラソンの有森裕子選手が、メダルをとるというすばらしい成績を残したことについて「自分をほめてやりたい」といっていました。心の底から出た、自分へのねぎらいの言葉です。同じ言葉は、元巨人軍の張本選手も、三〇〇〇本安打の表彰のときにいっていました。

たまたまふたりとも、後世に残るような成績をあげた優秀なスポーツ選手ですが、スポーツにかぎらず、仕事でも、趣味でも、主婦の家事でもいいのです。

自分が本当にするべきことを自分にできるかぎりの力でやり遂げたというときは、それが結果に結びつこうがつくまいが、だれにも遠慮せず、自分をねぎらってあげていいのです。「よく頑張ったね」「えらかったね」と、自分を励ますように語りかけてあげるのです。

それはあなたの中で大きな自信になります。精一杯やり遂げることができたというその自信は、次のときにはそれを成功させるための原動力になることでしょう。

自分に拍手できる人になる、それは自分を大切にできる人になるということです。

064

リミットというものは、自分自身が作り出すものである

リミット、つまり「限界」というものは、どこにあると思いますか？　どこか外にあると考えているのではないでしょうか。たとえば自分たちは牧場の中に放された羊のようなもので、ふだんは気がつかないけれど、あるとき自分たちが柵の中にいることに気づく。その柵が「限界」であると。でも、それはちょっと違います。

物理的な限界、たとえば収入であるとか、時間であるとか、そういうものはある程度決まっているものですから、限界とは少し異なります。

自分自身の限界、それは、実はあなたの中にあります。つまり、ほかのだれでもないあなた自身が、限界を作り出しているのです。

たとえば、自分の仕事。「ここまでやれば今日の分はOK」というラインが引いて

あるとします。でも、そこで「これでやめておこう」と思うのも、「もう少しやろう」と思うのも、どちらも自分です。それは、自分が決めることなのです。「もう少しやろうかな」という、限界を超えることの決定権は、結局は自分にあるのです。これが、「今日はもうやめよう」とか「今日はもう少しやろう」というのをあなた以外のだれか違う人が決めているとしたら、それはただのベルトコンベア人間で、論外です。

また、リミットというものは、決して一定していません。いつでもリミットより少なかったり小さかったりしていると、リミットも少しずつ狭く小さくなってきます。反対に、いつもリミットぎりぎりまで挑戦していると、それにつれてリミットも少しずつ広がってくるのです。

自分のリミットはどこか、どれくらいなのか、それを探し当てられた人だけがまた、そのリミットを超えることができるのです。

海辺にいるやどかりさえ、自分の成長に合わせて、さらに大きな貝殻を見つけていくのです。人間だって、小さい殻を脱ぎ捨てていきたいものです。

065 おもしろくなければ仕事じゃない

私は、基本的に人間は働かないとだめだと思います。もちろん、働きすぎはよくないですが、何か自分の仕事を持っていて、それに打ち込むということはとても大切なことです。ですから、やりがいと満足感のある、やっていて楽しい仕事を持つのがベストだと思います。「おもしろくなければ仕事じゃない」、これが、私の考える仕事観のスタンスです。

では、おもしろい仕事とおもしろくない仕事は、どうやって分けるのでしょうか。

私は、世の中におもしろくない仕事というのはひとつもないと思っています。あるのはおもしろがる心とおもしろがらない心。このふたつがあって、人がそれぞれどちらを感じているかということです。だから仕事の内容よりも、それに取り組む人間の心の持ち方のほうが問題なのです。もしも心の持ち方がマイナスになっていたとしたら、どんな仕事をやったっておもしろくありません。

では、その心とはどういう心なのでしょうか。これは簡単です。その仕事に夢中になって取り組めばいいということ。「夢中」というのは「夢の中」と書きます。現実をひととき忘れるくらい集中するのです。そうすれば、必ずおもしろくなるのです。

仕事の中ではいろいろな問題が起こります。でも、私はそのうち九〇％は、人間関係が原因であるような気がしています。たとえば、自分の出した企画が通らないとき、企画自体がよくないならばまだ救いはあります。しかし、その企画の決裁をする上司とうまくいっていなかったり、会議のときにあなたのことをよく思っていない人が反対案を出したりということのほうが実際多いのではないでしょうか。ですから、ふだんから人間関係をよくしたり、おもしろくしたりするように考えるのです。問題がたくさん起きる事柄の中には、そのぶんおもしろいこともたくさんあります。仕事の中に夢を発見するためには、その仕事をおもしろくするコツを探す努力も必要なのです。

066 言葉には力がある

何かにチャレンジしたり頑張ったりするときには、それなりのエネルギーがいります。それを自分だけで何とかしようとすると大変ですが、応援してくれる仲間や励ましてくれる人がいると、気持ちが楽になったり、目標達成が早くなったりします。

私は先日、仕事でアフリカへ行ったのですが、日本へ帰ってくるとき、私だけ仲間とは別行動でロンドンからロサンゼルスを回ることになりました。いつもなら通訳やガイドも一緒なのですが、そのときは通訳もガイドもほかのみんなと一緒に行くことになったため、私はひとりで帰ってくるはめになったのです。こんなことは初めてで、旅慣れてはいても英語のできない私は不安でたまりませんでした。ヨハネスブルグからロンドンまでのブリティッシュエアウェイズの機内で、私はひたすら寝ていました。

しかし乗り換えてロスへの機内では、さすがにおなかもすきましたし、いつまでもそのままというわけにもいきません。私は観念して、何か頼もうと思いクルーが来るのを待ちました。すると、パーサーが近づいてきて、英語で何かいいました。私がしどろもどろになっているのを見て、英語がまったくできないのがわかったのでしょう。パーサーは、何度もゆっくりと繰り返してくれ、そうするうちに私も「あ、何か食べるか聞いてるのかな」とわかりました。フライトの間中、そのパーサーはいろいろ私に話しかけてくれて、私も一生懸命身振り手振りで答えました。そうしてロスについて飛行機を降りるとき、そのパーサーは私に向かってにっこり笑い、「大丈夫、あなたの英語は通じますよ」というようなことをいったのです。私はそのとき、「あ、大丈夫なんだ」とはっとして、いままで逃げていた自分を馬鹿みたいだと思ったのです。

こんなふうに、それがたとえひと言でも、言葉には大きな力があります。その言葉は、手さぐりで前に進んでいる人には、暗い海を進む船にとっての灯台のような役目をします。心のどこかにブレーキがかかって進めなくなるのを防いでくれるのです。

067

ナンバーワンよりオンリーワン

一番ということは、確かにすばらしいことです。でも、それはどこか危うい感じもします。それは、一番というのは、何かと比較したときに、「その中で一番いい」ということだからです。

比較する、つまり比べるということは、どちらか、またはどれかがいいということを決めるのです。ということは、比べられて落ちてしまったものもあるということです。そして、その中では一番かもしれないけれど、そこにないものの中に、もっといいものがあるかもしれないという可能性も存在します。

それは何を意味するかというと、一番になったということは、追われる立場であるということ。これから先、抜かれるということです。永久に一番であり続けるということは、絶対にないからです。

だから私は、ナンバーワンよりも、オンリーワンのほうが好きなのです。オンリーワンというのは絶対的なもの、ただひとつのもの。だから輝きが違う。

何だって、結局「オンリーワン」でいるほうが強いのです。

友人たちの中では一番きれいといったって、世の中にもっときれいな人はたくさんいます。だから、あなたにしかない魅力というものを磨くべきなのです。クラスで一番成績がいいというよりも、人の心を打つすばらしい文章が書けるといったほうが断然いい。どんなものを比べられてもびくともしない、唯一のものを身につけている人を私は尊敬します。

私たちはつい、比較しては優劣を決めます。一番を決めるならまだしも、「○○さんよりはいい」などといった、レベルの低い比較もしてしまいます。オンリーワン、ただひとつのものになるということは、そういうレベルの低いものを寄せつけないということにもなるのです。

068

困難は乗り越えてこそ意義がある

私はよく「いままでの苦労話が聞きたい」といわれるのですが、「私は別に苦労はしませんでした」としかいえません。頑張るのも何もかも、自分でそうしようと思ってやってきたからで、好きでやっていることはどんなにきついことでも「苦労」とはいわないからです。

確かに、事業を起こして成功しようと思ったら、普通の人が十年かかってやるようなことを五年でやらなければいけないかもしれません。それはやはり五年分の努力プラス運、というわけではなく、五年間で十年分ということですから、没頭する時間は多いでしょう。しかし、それはやはり辛くないのです。物理的に「きつい」というのと、「辛い」というのとでは、ニュアンスが違うのがわかるでしょうか。

何でもそうですが「このレベルじゃないと」というボーダーラインが存在します。それがどの程度かわかっているなら、あとはそれをめざして何とかするだけです。体操の選手だって、大会に出ていい成績、高得点をあげたいと思ったら、難度の高い技に挑戦したり、オリジナルの技を編み出したりする必要があるでしょう。でも、それは全部、自分がそうしようと思ってやっているわけですから、いくら傍目にはとんでもなく辛いことのように見えても、ちっともそうじゃないわけです。

これがたとえば教育ママがしゃしゃり出てきて「やりなさい」と無理やりウルトラCに挑戦させられたら、それは「苦労」です。人にやらされるのはすべて「苦労」です。だから、やっていることの内容ではなく、そのきっかけが問題なのです。

何をするにも、困難なことというのは伴います。「気がついたらエベレストの頂上にいた」という人はいません。でも、その困難は、乗り越えてこそ意義があるのです。苦痛を強調するというのは、それを乗り越えていない人。自発的に進んでいくのが大切なのです。

069

無の五年より、継続の五年を

続ける、ということがいかに大切なことであるか、ふだん私たちはあまり考えません。でも、「塵も積もれば山となる」「継続は力なり」などといったことわざもありますし、かのメーテルリンクも、「大切なのは続けること。あなたにはぜひ続けてほしい」といっています。

毎日、朝にラジオ体操をするのでも、五ページずつ本を読むのでも、十分間パソコンに向かってキーボードをさわるのでも、はがきを一枚書くのでも、何でもいいのです。

それを一日やったのとやらないのとでは、ほとんど差はないかもしれません。十日でも、まだ変わりはないかもしれません。半年たっても、ひょっとして気づかないかもしれません。でも、一年たち、三年たち、五年たつ頃には、明らかな差がきっと出てきます。それは周りの人たちも気がつくでしょうし、何よりあなた自身の大きな自信となって現れるのです。

もちろん、そういったことをやらなかったとしても、それはあなたが選んだことですから、かまいません。でも、何かをやり続けても、何もしなくても、どうやっても同じように時間はたっていくのです。それなら、その時間を、何かの形で自分自身の中に残しておきたいと、私は思うのです。

長い間続けてきたことは、それが何であれ、あなたの財産になります。それと同時に、続けてきたということ、そのこと自体もまた、あなたの中で大きな財産となるのです。

ほんの少しの小さな違いが、やがて考えられないくらい大きな差になる。この、小さなものを自分の手で大きなものに変えられるということ、このすごさを、みなさんにも味わってほしいと思うのです。

070

得るために失うものもある

人生にはいつも、優先順位というものが存在します。自分にとって大事なものの順番ということですね。でも、これがきちんとわかっている人は意外と少ない。

私たちは毎日、いろいろな選択をすることによって、未来へと向かいます。それはちょうど、別れ道をいくつも通りながら旅していくようなものです。

AとBという道があり、迷ったあげくAを選んだとします。それは、AのほうがBよりもいいと判断したからです。それなら、その判断を信じて、また進めばいいのですが、ときどき、選ばなかったほうのBにこだわりすぎて前へ進めない、あるいは選ぶことさえできずに立ち往生している人もいます。こういう人は、選ばなかったほうを問題にして、損をしたような気がしているのかもしれません。でも、選んだほうに焦点を当て、それを得たということを確認しなければいけないのです。でないと、さらによくなるために選択したはずなのに、結局はだめになってしまいます。

目の前のことしか見えていないと、こうなりやすい。あまりに「損をしたくない」と思うから、いま何かを失うことを恐れる。たとえそれがあとで何倍にも大きくなって戻ってくるかもしれなくても。でも、何も損をせずに得だけ取れるというのは、基本的にありえない話なのです。何かを手に入れようと思ったら、どんな形であれ代価というものを支払わなければいけない。多少の犠牲も覚悟しなければいけない。痛みも苦労もなしに、目的だけ達成するというのはありえないのです。

私も事業が成功するまでは、十年間正月に実家へ帰りませんでした。本当は帰って家族でゆっくりしたかったのですが、ここで頑張れば、きっといつか、もっとすばらしいお正月が過ごせる、そう思ったのです。そしていまではハワイや香港はもちろん、カリブ海やエーゲ海、コートダジュール、エジプトやイスタンブールなど、世界中のどこでも好きなところでお正月が過ごせるようになったのです。

071

頭と体は車の両輪

自分なりにいろいろと緻密に分析し、計算し、プランを練り、「いざ」とやってみても、なかなか最初に考えていた通りにはいかないことがあります。そんな人はもしかして、頭の中だけで解決しようとして、失敗しているのではないでしょうか。

かといって、逆に「とにかくやってみよう」とやたら燃えてばかりの人も、うまくいかないものです。頭と体、「考える」と「行動する」とは、バランスのとり方が大事なのです。

たとえていえば、車の左右のタイヤのようなもので、どちらかが膨らみすぎても横転してしまうのと似ています。

また、「考える」と「行動する」がぴったり合って、タイヤの調子がよくても、うまくいかないことがあります。それは、先のことにいたずらに不安を持ったり、目の前のことしか見えていなかったりしたときです。

車を運転する人はよくおわかりだと思いますが、運転するときは、近くばかり見ていると走行が不安定になり、事故を起こしやすいのです。ですから、ある程度遠くを、先を見ながら運転しなければいけないのです。

学校で体育の時間にやった平均台の歩き方を思い出しても、ははあと納得するかもしれません。幅一〇センチ、高さ一メートル二〇センチの台の上を歩くのは、慣れないとけっこう怖いものがあります。だからといって、これを自分の足もとばかり見ながら歩くと、たちまち落ちてしまうわけです。これも先のほう、極端な話、向こう端を見ながら歩くくらいでないと、まっすぐきれいに歩けないのです。

頭と体と、いろいろバランスをとって、うまくいくように調節する――こういう切り替えができるように、自分の中のサーモスタットはいつも点検して、準備ＯＫにしておきたいものです。

072

「世界は自分のために回っている」と考えてみる

といっても、「自分は偉いんだ」と思えとか、そういうことではありません。私はよく「うまくいかないときには、ちょっと考え方のくせを変えてみるといい」というのですが、たまに「どうやって変えたらいいのかわからない」という人がいるのです。そんなときに、「もうとにかく、何でも自分の都合のいいように考えてみる」という意味で説明する表現なのです。うまくいかないときは、早めに割り切ることが大切なのです。つまり、

「あ、これは『するな』ということなんだな」

という発想のしかたをするのです。

たとえば、外出中に何か急に用事ができて、電話をかけなければならなくなったと

します。携帯電話は持っていなかったけれど、ちょうど近くに電話ボックスがあったので急いで中に入りました。ところが、その電話機が壊れていました。さて、あなたならどうしますか？

普通だったら、ちょっと怒るかもしれません。「大事な用で、急いでいるのに」と。

でも私だったら、こう考えます。

「あ、これはこの電話ボックスでは、この用事をいうなってことなんだな」

そして、慌てて別の電話ボックスを探すでしょう。

「もしもこの電話ボックスで電話をしていたら、この用事は絶対にうまくいかなかったはずだ。だから電話をかけさせないように、私のために壊れていてくれたんだ。ラッキー！」

と、このくらい自己中心的な発想をしましょう。起きていることは何でもこのように考えているうちに、ちょっとぐらいうまくいかなくても、へこたれたりしなくなります。簡単でしょう？

073 稼ぐために頭があり、使うために心がある

お金の大事さというものは、みなさんもうおわかりだと思いますが、お金が増えて、物質的に豊かになったとしても、それだけではまだまだ本当の豊かさとはいえません。それに心が備わってこそ、本物の豊かさといえます。それはどこで計れるかというと、お金の使い方です。この指標のひとつとして、ボランティアがあります。

アメリカをはじめとする欧米先進諸国では、上流階級や有名人など、お金のある人ほどボランティアに対する関心が強いようです。それは何も、恵まれている人がそうでない人やものに対してほどこしをするというような、簡単な理由からだけではありません。富や地位、名誉や名声などを持ち、物質的な豊かさのありがたみを知っている人は、それと同じぐらい、心の豊かさの尊さも知っているということです。そうい

う人が多い社会は、成熟した大人の社会だといえます。

日本は名実ともに、世界でもトップクラスの経済大国です。しかも、豊かなうえに平和な国、というイメージもあります。しかし、物質的には満たされていても、この精神的な豊かさという観点から見ると、まだまだ子どもの社会という気がするのです。

私が講演などでボランティアに関してお話しすることのひとつに盲導犬があります。はじめて間近で盲導犬の仕事ぶりを見て感動したのがきっかけで、私は盲導犬協会に毎年寄付をするようになり、いろいろなことがわかりました。米国に一万頭、英国に四〇〇〇頭以上いる盲導犬が、日本には一〇〇〇頭もいないということ。盲導犬一頭を教育するのに、三〇〇万円からかかるということ。欧米ではそれに国や公共機関からの援助があるのに、日本ではほとんど個人の寄付に頼るしかないということなど。

私は、自分で稼いだお金を盲導犬のために使えることが楽しくてしかたありません。それは、社会へ還元している、自分の心でお金を使っているという自負があるからです。みなさんも、心でお金を使うということ、始めてみてはいかがでしょうか？

074

とりあえず何でも認めてみる

楽に生きるためには、コツがあります。それは、物事を楽に考えることです。

たとえば、自分がよかれと思ってしたことでも、結果的によくなかったりすることがあります。たいていの人は「どうして？　できない。どうしよう」となるのですが、ふだんから考え方が楽な人は、こういう失敗を材料にして、物事の核心をつかんで、結局いい方向へ持っていってしまうのです。

それにはまず、素直になること。そして、とりあえず何でも肯定する、認めてみることです。「あれはだめ」「これは嫌い」「それは気に入らない」と否定ばかりしていたら、どうしようもありません。そこから先へは進めないのです。

すごい人、すごいもの、成功している人、人気があるものなどは、尊敬しろとまではいいませんが、認めるのです。そうすれば、耳のシャッターが上がりますから、いいこともすっと耳に入ってきます。これがいつまでたっても認めずに否定ばかりしていると、耳のシャッターが降りたままなので、いい情報も素通りしてしまいます。

野菜が嫌いな人が、ビタミンやカロチンやカリウムなど、体に必要な栄養素がとれないのと似ています。食べず嫌いは損ですから、思い切って口に入れてみる。食べてみたら実はおいしかった、となればしめたものです。また、以前に食べたことがあるけれどどうも口に合わないという人だって、調理法を変えたら食べられるかもしれません、時間がたって好みが変わって、久しぶりに食べてみたら大丈夫だった、ということだってあるかもしれないのです。物事だって同じです。とりあえず受け入れてみれば、あなたにとって大事なことをみすみす逃がすようなことはないのです。

「起きることにはすべて意味がある」と思っていれば、たとえば喫茶店で頼んだものと違うものがきても「あ、これを食べろってことなんだな」と落ち着いていられます。その余裕が、あなたを楽にするのです。

075

自意識は一文の得にもならない

私は、人とおしゃべりするのが大好きです。私にかぎらず、どんな人でも、気心の知れた友人とおしゃべりするのが嫌いだという人はあまりいないと思います。人と話すのが苦手というのは、よく知らない人と話す場合でしょう。

いまでこそ何千人という人の前で講演をしたり、初対面の相手とミーティングをするのにも慣れてきた私ですが、やはりはじめのうちは大の苦手でした。講演中にみんなの反応が気になってしかたがなかったり、うまくいったと思えるミーティングでも、終わったあとにいろいろと思い出して心配になったりしたものです。

でも、あるとき、ふと気がついたのです。私は私の話を精一杯すればいい。そのあとで、それをどう受け止めるかは、もう相手の問題なのだと。それがわかったとき、自分のぎこちなさや不自然さが消え、自分の中のスイッチが切り替わったのです。

「自分で自分の枠を決めるのはやめよう。やるべきことをやったら、あとは相手に任せよう」と、そう思ったのです。

だいたい、自分が思っている一〇分の一も、他人はこちらのことなど気にしてはいないのです。自分が自分を気にしているだけなのです。

小学校のときのことを思い出してください。クラス写真を撮って、それが出来あがってそれぞれに配られたとき、まずはじめに、あなたはだれを見ますか。自分でしょう。自分がどこに写っているか探して、よく写っているか確認して、それで一応ホッとしたあと、じゃあ仲良しの〇〇ちゃんはどうかな……となるのではないでしょうか。

それと同じように、ほかの人も、あなたを見てはいないのです。

これがわかったとき、私は改めて「変な自意識は一文の得にもならないんだ」と納得したのです。私はそのときから、自分の枠の中にしか自分を見られないということがなくなったのです。

076 あなたの未来は、いま何をしているかで決まる

「あなたの未来は、いまあなたが何をしているかで決まります」——これも私が講演などでよくいうことですが、あるとき、この未来というのは、どのくらい先のことですかと質問する人がいました。

それに私はこう答えました。

「未来はいまです」

現実的には、未来はいまとはいっても、状況も自分もすぐには変わらないじゃないかと反論されるかもしれません。当然です。それは、「いまから何か動き出さないかぎり、未来の自分は決して変わりはしませんよ」ということなのです。

蝶として変身するためには、いまから準備しておかないと、さなぎにもなれないし

脱皮もできないのです。

これは以前人から聞いた話ですが、人間の皮膚というものには周期があって、大体二十八日で変わるそうです。それから、人間の体中すべての細胞が入れ替わるためには、約七年かかるというのも、何かの本で読んだ記憶があります。これを長いと見るか短いと見るかは自由ですが、少なくとも、いま何かを始めれば七年後のあなたはもっと違うということです。

積立貯金だって、いまからでも始めなければ、いつまでたってもたまりません。未来というものは、固定された姿でずっと遠いどこかに横たわってあなたを待っているわけではありません。それは、現在のこの瞬間のあなたに呼応して、変幻自在に姿を変えるのです。あなたのいまが、そのままあなたの未来になるのです。

ひとりの人間の時間は物理的に連続していますが、何かを始めた人間には、いつかどこかで、細胞そのものの質までもが飛躍的に変わる瞬間が訪れる。私はそんな気がしているのです。

077

プロフェッショナルであるということは、シンプルであるということ

プロフェッショナル、つまり「本物である」ということは、シンプルであるということです。言い方を変えると、わかりやすいということになります。

本物じゃないということは、それを隠さなくてはいけないので、余計な飾りが多くなります。

食べ物の話にたとえると、素材がよければそのままの味を活かした簡単な調理法でいいけれど、そうでない場合は、調味料でごまかしたり、いろいろ手をかけなくてはいけなくなるのです。

また、商品でも、たとえば「これはイギリス王室で飲まれている紅茶です」といえば、もうそれで品質のよさは保証されて、それ以上余計な説明はいりません。しかし、

おいしくない紅茶を何とかして売ろうと思ったら、あれこれ理屈をつけて、それこそ唾を飛ばして説明をしなければいけません。

人間も同じで、それがプロなら、その人の信条もシンプルで、あれこれ余計なことはいわずにきちんと結果は出すものです。

これは作家の森瑤子さんが生前にその著書の中に書いていたことですが、仕事においてプロフェッショナルであるということは、とてもシンプルなことであるそうです。約束を守ることと、手抜きを絶対にしないこと。それ以外のことは、実にどうでもいいことだと、そこには書いてありました。確かに、実にシンプルです。

私の信条も、ことのほかシンプルです。それは、「人の嫌がることをしない」ということと、「人の喜ぶことをする」ということです。でもそうやって、つねに他人のことを先に考えて行動したほうが、結局生きやすいというか、物事がスムーズに行くのです。あれこれ考えて小手先の細工をするよりも、はるかに効果があるのです。余計なものを捨てて、研ぎ澄まされてこそ、プロフェッショナルなのです。

078

「これでいい」ではなく「これがいい」という選択をする

ふたつともよく似ていますが、意味はまるきり違います。

「これでいい」というのには、妥協のにおいがします。真剣に考えて選ぶということを放棄している感じがするのです。それでは後々きっと後悔しますよ。第一、間違った選択もしやすいのです。間違ったものを選ぶと、人生は格段につまらなくなります。そこには感動がないからです。一〇〇％気に入った、もしくは一〇〇％納得して選んだというのでなければ感動はありません。

自分で選ぶものではなくても、何か人に相談して「これがいいんじゃない」といわれるのと、「これでいいんじゃない」といわれるのと、あなたはどちらを好みますか。「これがいいんじゃない」といわれたほうが、真剣に選んでもらったという感じがするのではないでしょうか。

「これでいい」というのは、「もうこれでいいだろう」という、ちょっと投げやりな感じもします。ふだんからこういう選択のしかたをしている人は、重要な選択のときにも妥協してしまうのです。

私は、人生である程度の我慢や譲歩というものはあってもしかたがないと思っていますが、妥協というのはできればしないほうが絶対にいいと思っています。少々乱暴な言い方になるかもしれませんが、オール・オア・ナッシング、つまり、「すべてか無か」というほうが、生き方としてはいいように思うのです。

「こういう服が欲しい」とずっと探していて、見つからなくて、似たような、でも自分がイメージしていたものよりもランクは明らかに落ちるものを買ったとします。そういう服は、結局ろくに着ないで、タンスの肥やしになってしまうことのほうが圧倒的に多いと思うのです。自分の人生の大事な選択は、そんなことのないよう、「これがいい」という習慣をつけておいたほうがいいと思います。

079

「余裕」は自分自身への小さな贈り物

ほんの少しの余裕は、毎日の生活を驚くほど大きく変えることがあります。

たとえば、お金の余裕。一生懸命アルバイトや貯金をして、ずっと欲しかったもの、特に金額の大きいものを買うというのも、確かに「やった!」という充実感があるかもしれません。でも、そのかわり、日々の生活がぎりぎりになったりするのも、何だか味気ない気もします。たまにはお財布にいつもよりほんの少し多めにお金を入れて、街に出かけてみましょう。そして、目についたもので「これ欲しいな」と思ったものを買ってみましょう。小さなものや値段の安いもののほうが、「ちょっとした買い物」という感じが出ていいかもしれません。

それから、時間の余裕。頑張って十分だけ早起きする。または、いつもよりてきぱきしたくをして、一本早い電車に乗る。待ち合わせに出かけるとき、時間より十分早く着くように家を出る。時間の余裕があると、気持ちにも余裕が出てきます。電車やバスが遅れてもあせっていらいらしたりしませんし、道を聞かれてもゆっくり親切に教えてあげられますから、気分もいいはずです。これが時間がなくて急いでいるときだと、周りのことにかまっていられないから、道を教えてあげるなんてとてもできないかもしれません。あと五分余裕があったら、本当はやさしい自分に戻って、小さな親切ができたのに。

そして、気持ちの余裕があれば、何かうまくいかないことがあってもそれに振り回されたりしません。情緒が安定しているということは、周りの人にもいい影響を与えます。そして、それは結局、すべて自分自身へ戻ってくるのです。慌てているときにした約束や、怒っているときの決断には、あとで考えるとはずれが多いはずです。

たくさんの余裕である必要はありませんが、ほんの少し、いろんなことに余裕を持つということ。それは自分自身への小さな贈り物なのです。

080

一の次はいつでも二とはかぎらない

数を数えるときは、もちろん一の次は二ですし、二の次は三で、三の次は四、五、六……と続いていきます。それは決まっていることです。でも、私たちの身の回りに起こる出来事は、そんなふうにいつでも私たちの期待通りには起こらないのが常です。うまくいくこともあれば、うまくいかないこともあるのは当然です。

人生は楽ではありません。しかし、だからといってそのままでいても意味はありません。死ぬまで「人生は楽じゃない」といって過ごすか、少しでもよくしよう、楽しく過ごそうと思って努力するかは、あなた次第なのです。

毎日を楽しく幸せに過ごそうと試みている人は、何かうまくいかないことが起こっても、それをそのままで終わらせません。そこから何か学びますし、そうすると次に何かうまくいかないことがまた起こっても、前回よりも傷は浅くてすむのです。嫌なことに対しての知恵や免疫がつくのです。

私たちの体だって、いろいろなけがや病気に対しての免疫ができます。予防注射だって、あらかじめ弱く薄くしたウイルスを体内に入れておくことにより抗体ができて、本物のウイルスが入ってきたときに戦えるのです。ということは、ふだんから小さな失敗をしてそのたびに学ぶということは、心に免疫をつけるようなものなのです。ですから、何かうまくいかないことがあっても、それは次にうまくいくための練習だというくらいの余裕をもつことが大事なのです。

前にも失敗したから今度も失敗するかもしれないというのは、何の根拠もない、あなたの勝手な思い込みです。前は失敗したけど、今度はうまくいくかもしれないと、なぜ思えないのでしょうか。

前が一だったから次は二、という法則は、ときにはあてはまらないということを覚えておきましょう。

081

「自分」として生きる

「私は平凡な人間」「特にとりえもないし」。自分のことをそう思っている人がもしもいたら、ちょっと待ってください。あなたという人間は、この世界にたったひとりしかいないということを、忘れてはいませんか。

たとえば、だれかがあなたの代わりに買い物に行ったり、ビデオの予約をしたりということはできるかもしれません。でも、だれもあなたになることはできないのです。

だから、あなたがどんな「自分」で生きるのかは、すべてあなた次第なのです。

巨人の清原選手はトレードで巨人に入る前は、西武のスター選手でした。私はあのまま西武を代表する選手としてずっとチームにいるんだろうと思っていたのですが、彼は九六年の暮れに「巨人に入りたい」という意思を表明し、結局そうなりました。

私はそのニュースを、少しがっかりしながら聞いていた覚えがあります。というのは、清原選手くらいの実力があれば、どこの球団でも通用します。それなら、わざわざ巨人なんてブランドに入ることなく、西武なら西武で、清原個人として活躍したほうがずっとカッコいいと、私は思っていたのです。

彼は小さい頃から巨人にあこがれていたそうですが、ドラフトのときは指名されず、悔しい思いをしています。「巨人にだけは負けたくない」との思いがあったはずだと思うのです。そんな悔しい思いをさせた巨人にやはり入りたいというのは、巨人というブランドに負けたような気がしてしかたがないのです。「巨人の清原」よりも「清原和博」自身として知られているほうが、どんなにかすばらしいと思うのです。

同様に、結婚した女性が「○○さんの奥さん」と呼ばれるより、会社勤めの人が「○○会社さん」と呼ばれるより、個人でその存在を認められるほうが、ずっと素敵なことだと思うのです。だから、もっと私たちは「自分の存在意義」というものを考える必要があります。自分を自分として生きる、それはすべて、自分次第なのです。

082 思いやりとは、感情と行動の両方のことである

世の中のたいていの人は、多少の差はありますが、みな思いやりの気持ちを持っています。ただし、それを的確に表現し、行動に結びつけることができる人というのは、そう多くはないと思います。

以前ある本の中で、この思いやりについて、『ピーナッツ』を例にとって説明しているのを読んだことがあります。『ピーナッツ』というのはアメリカの漫画で、スヌーピーやチャーリー・ブラウンが出てくる、あのかわいらしい漫画のタイトルです。

ある嵐のクリスマスの夜、スヌーピーが雪の降り積もった犬小屋にうずくまっています。ルーシーはスヌーピーが空腹と寒さでふさぎ込んでいるのを窓から眺めてかわいそうに思います。「メリークリスマス、スヌーピー」とルーシーは吹雪に向かって

叫びます。「元気を出してね！」。そして、暖かい暖炉のところに戻って、ホットチョコレートをすすりながら弟のライナスにいいます。「かわいそうなスヌーピー」と。一方、ライナスもスヌーピーがかわいそうになるのですが、彼はコートを着て手袋をはめて、お皿に七面鳥をとりそれをスヌーピーのところへ持って行ってあげるのです。ルーシーもライナスも、スヌーピーをかわいそうだと思いました。しかし、そこで行動を起こしたのはライナスだけだったのです。スヌーピーはもちろん喜んで七面鳥を食べ、雪の中をはしゃぎ回りました。

思いやりというものは「だれかや何かをかわいそうに思い、その苦しみと、できればその原因をなくそうとすることだ」と、その本にはありました。つまり、思いやりとは、感情と行動と、両方のことなのです。

かわいそうだと感じても、それを口にするだけで実際に行動に移さないとしたら、それはまだ本当の思いやりではないということです。あなたがもしも「自分はルーシーかも」と思うのであれば、今日からライナスになってほしいと思います。

083

「夢」は第五の本質である

以前何かの本で読んだのですが、アメリカ人が偉大な人々を称賛する言葉に、「クインテッセンス」(quintessence)という言葉があります。

辞書をひくと、天才、本質、真髄、典型、権化などという難しい言葉がいろいろ載っていますが、要は、その人の持つ魅力や能力をひと言ではいい表せないときに、「宇宙に存在する、このうえない具象」というようなニュアンスで用いられるそうです。

哲学用語としても用いられ、古代・中世哲学では火・風・土・水の四大元素の次の、五番目の元素として存在するものとされていたそうです。quint(五)＋essence(本質)＝「五番目の本質」ということになります。

私はこの「五番目の本質」という言葉を、「夢」と置き換えられるのではないかと思っています。

それは、エイブラハム・リンカーンやトーマス・エジソン、カール・ルイスやマイケル・ジョーダンなど、アメリカ人が「クインテッセンス」として尊敬しあこがれる人々は、いずれも大きな夢を見、それをかなえた人々だからです。

「新しい何かを発見できなければ、神は二度目の人生を提供してくれない」

これはモハメド・アリが後年語った言葉だそうですが、ある雑誌のインタビューで、アメリカの誇る「クインテッセンス」のひとりであるカール・ルイスが、これを彼なりに意訳してくれないかと頼まれて、次のように答えたそうです。

「リミットを超えるために、あらゆる不安や恐怖、そして大きなリスクを背負って生きてみろということさ」

人生にはリスクがつきものだと、カール・ルイスでさえも思っているのです。そのリスクへの不安に押しつぶされてしまわないために、「第五の本質」である夢が必要なのだと、私は思うのです。

084 人生、だれと出会うか、何と出会うか

チャンスや運というものは、結局人が運んできてくれるものです。ですから、物理的というか統計的にいって、いろいろな人やいろいろなものに出会う機会が多ければ多いほど、それだけチャンスや運は多く訪れますし、自分の目の前の道も大きく開けていくというものです。

だいぶ前のことですが、黒柳徹子さんが『徹子の部屋』という番組の中でこんなことを話しているのを聞いたことがあります。

「いろんな職業の選択がありますが、一流になった人の九八%は、自分でこの道に入るんだと決めていた人じゃないんですね。人のつながりや流れなどで、ある人に『やってみれば』とすすめられたことを、最初はこわごわとやっているうちに、だんだん

おもしろくなってきて、そのうち一生懸命にやるようになった。そういう人がほとんどだそうです」

そのときのゲストの俳優が、「人にすすめられて芸能界に入った」と告げたときに、彼女が返した言葉がこれでした。

確かに、サッカーの三浦知良選手にしても「お兄さんがやっていたから、一緒にやるようになった」といっていますし、体操の畠田好章選手も同じようにお兄さんがやっているのを見て始めたそうです。

自分にどういう資質や才能があるのか、どういうことで成功するのか、それはいろいろなものや人の出会いからわかってくるのです。ちょうど、赤ちゃんが毎日いろいろなものを見、音を聞き、さわり、感じることによって、脳の中のニューロンが発達していくように、私たちの可能性も、毎日のさまざまな出会いから大きくなっていくのです。ですから、できるだけいろいろなことに興味を持って、いろいろな人やものに出会い、可能性のニューロンを育てていったほうがいいのです。

085

事実はひとつだが、真実は人の数だけある

「真実」というのは、「だれにも否定することのできない、本当のこと」という意味です。同じような言葉に「事実」がありますが、このふたつは似ているようで、実は決定的に違うところがあります。

それは、世の中に「事実」はひとつでも、「真実」は決してひとつではないということです。真実は、人の数だけあるのです。

たとえば、あなたがどこか外国へ旅行したとします。たまたま滞在中にお天気に恵まれ、ホテルもいいところで、入ったレストランもみんな「当たり」だったうえ、知り合った人もいい人ばかりだったとしたらどうでしょう。あなたにとってその国は「いい国」「大好きな国」「もう一度行きたいし、知ってる人みんなにおすすめの国」

になるでしょう。それはあなたにとっての、その国に対する真実です。

でも反対に、あなたの友だちもその国に行ったことがあるけれど、ちょうどそのとき運悪くお天気は最悪で、ホテルもひどいうえ食事に入ったところは「はずれ」ばかり。とどめに空港で荷物を盗まれた、さんざんな旅行だったとしたらどうでしょう。その友だちにとってその国は「もう二度と行きたくない国」「知ってる人に『行くのはやめたほうがいいよ』と忠告したい国」になってしまうでしょう。

それはまた、その人にとっての真実なのです。

事実は事実として、そこにあります。でも、事実の裏に隠された真実というものも存在するのです。大切なのは、あなたが「自分自身にとっての真実」は何かということを、いつも考えるということです。

一見真実のような顔をして、嘘やでまかせといったニセ物が、私たちの周りにはたくさん氾濫しています。そんなものにだまされないような、真実を見抜くまっすぐな心の目を持ちたいと思うのです。

086 想像力に限界はない

ずいぶん以前に読んだ本の中に、次のようなことが書いてありました。

「世の中で一番速いのは光の速度とされているが、実はそれよりもっと速いものがある。それは、人間の想像力である。たとえば、一万光年のかなたにある星まで光が到達するためには、一万年かかるわけだが、それを想像するだけなら、一秒もかからなくてすむのである」

この文章を「科学的ではない」「バカバカしい」などと笑い飛ばすのは簡単です。しかし、科学ですべてが割り切れると考えるほうが実は科学的ではないし、想像力という、それ自体が科学で片づけられるものではない以上、それをまた科学的か科学的でないかで論じることは、無意味というほかありません。

想像力は、光よりも速い。そう信じているかぎり、人間はより遠くへ旅することができます。

想像の中でなら、隣の部屋へ行ってそこでごろりと寝そべることも、サハラ砂漠の真ん中でらくだの背に揺られていることも、あるいはまた、スペースシャトルに乗って太陽系を離れ、天体望遠鏡でしか見ることのできなかった星のそばまで行くことも、何だって可能なのです。

そしてまた、想像力は距離だけではなく、時間の軸も一瞬にして飛び越えられます。

たとえば、明日のいま頃、また同じ電車の同じ車両に乗って会社へ向かう自分も、来月に休暇を取ってアフリカのサバンナへ行く自分も、そして三年後に事業を起こしそれが大成功している自分も、何だって想像することができるのです。

想像力に限界はない、これは私の揺るがぬ確信です。だから、自分が勝手にその限界を作り出すと、それは自分の可能性までも縛ってしまうことになります。

自分の限界を越えられるほどの想像力を養うこと、これが大事なのです。

087

夢が能力、心が能力

「夢見る力」なんていうと大げさに聞こえますが、要は、考え方ひとつで何かにチャレンジすることができるし、「できっこない」と思えるようなことでも「やってみようかな」と思えるようになる、そういうことなのです。

私はいまでこそ、年がら年中、日本全国はおろか外国へも呼ばれて講演をするようになりましたが、見知らぬ人や大勢の人の前で話すのは、もともと得意ではありません。おまけに、高所恐怖症というのも手伝って、ステージに立つ前には、足が震えてくることがあるのです。足が硬直して、動かなくなることさえあります。

そんなときは、自分自身に問いかけてみます。

「なんで、こんなに震えてるわけ？　落ちるのが怖いから？」

「いや、落ちたってかまわないんじゃないか。ここから落ちたぐらいで、まさか死ぬわけはないし」

そう思った瞬間、すうっと気持ちが楽になって、自然に足が動き出します。

それでも、どうしてもドキドキしてしまうときは、「別の自分」をイメージします。以前のことですが、ニューヨークのラジオシティ・ミュージックホールのステージに立つことになったとき、やはりとても緊張しました。ステージももちろん高かったし、場所も場所でしたから。そのとき私は、自分の作曲した曲がビルボードの年間ヒットチャートで一位になり、グラミー賞を授与されるというふうに想像したのです。

「だから、自分はいまから、最優秀作曲賞の受賞者としてステージに登場するのだ」

そう思ったら、またすうっと歩き出せたのです。

夢見る力、それは、自分の考え方のくせを、そのときどきに応じて、ふっと、いい方向へ変えられる力ともいえます。それができる人は、もうすでに、その心までが能力になっているのです。

088

年をとることの楽しさ、楽しみ方を知っている人は少ない

私はつねづね不思議に思うのですが、ここ日本では、年をとる、つまり成長して年齢を重ねていくということがあまりよしとされていないのは、いったいどういうことなのでしょうか。

ある一定の年齢以上にならないと参加できない、経験させてもらえないものというのも、世の中にはたくさんあると思うのです。ゴルフやテニスのシニア部門トーナメントでも、JRのフルムーンパスでも、ゴールドカードやプラチナカードの入会資格でも、「○○歳以上の方でないと申しわけありませんが」ということになるではありませんか。それはもう、その人たちにしかできない楽しみ方なのです。

年齢を重ねたら重ねたなりの、いいことや楽しいことはたくさんあるのだから、そ

れらを受け入れて、わくわくして生きたほうがいいと思います。

女性によくありがちなのが、「年をとるときれいじゃなくなる」という、強迫観念に似た思い込みです。私にいわせれば、それは単なる世迷い言です。第一、生理現象に従わないことのほうが、私には怖い。三十歳になっても四十歳になってもいつまでも十五歳のような顔をしていたら、変だと思うのです。それぞれの年代にはそれぞれの年代の楽しみ方があるのと同様に、それぞれの年代の美しさというものがあります。それは単に美しさというよりも、それまで過ごしてきた時間がいかに充実してすばらしかったかということが顔に出ないといけないのです。ある程度の、人間としての風格や品格が備わってこないと。

「男の顔は履歴書で、女の顔は請求書である」というようなことがよくいわれます。でも、女の顔もやはり履歴書であると思います。

人生をいつまでも楽しく過ごすには、心の若さが一番大切です。外見や年齢であれこれ悩む前に、いつまでもみずみずしい心を持ち続けられるよう努力しましょう。

089

才能や技能や外観より、態度や姿勢が大事

どんなにすごい才能があったとしても、それがたとえば十年に一度の天才のようなものでも、そのままそこで何もなければ、単なる才能でしかない。恵まれた資質を持っていても、それによって何らかの答えが出ていないのでは意味がない、と私は思うのです。

それよりも、態度や姿勢がはっきりしている人のほうが、何倍もインパクトがあります。

たとえば、すごい大金持ちがいて、トランクに一億ドル入れて旅行していたとします。ところが、乗っていた自家用機が事故を起こして、見渡すかぎりの広い砂漠に不時着してしまいました。パイロットは意識不明で、自分は修理の仕方も無線の扱い方

もわからない。砂漠の中で、原住民もめったに通らないとなれば、いくらその人がうなるほどお金を持っていても、まったく無意味です。

これが、救急医療の心得があったり、機械にくわしかったり、現地の言葉を話せたり、もしくは火をたいたりのろしを上げたり水をためたりというサバイバルに強い人間だったとしたら、この場をうまく乗り切らなければという気持ちから、どうにか切り抜けられるのです。

とりあえず、何とかしようという積極的な姿勢。これが大切なのです。

私は英語ができませんが、それでも、「どうにかしてこの人と意思を通じさせたい」と思うから、片言でも、ゼスチャーを交えたり、笑顔をつくったり、筆記具を持ち出して絵や図をかいたりして頑張ります。そういうふうにしていると、こっちが一生懸命だということは最低でも伝わるから、向こうも理解してくれようとします。

ですから、あり余るほどの何かを持っていても使わない、使えないよりは、何もなくてもその姿勢で、いろいろな場面を乗り切ることが可能なのです。

090

変えたい「いま」なら、変えてみればいい

毎日が楽しい、出会うものや人がすべて自分にとってのいい刺激になる、やりたいことがたくさんあってわくわくする——本来ならすべての人がそうあるべきなのですが、残念ながら現実はいろいろ難しいようです。

「まあ、大体幸せ」という人はまだましなほうで、なかには「毎日が同じ繰り返し」「何だか味気なくて」という人もけっこういたりするのではないでしょうか。

個人の状況というのはさまざまですし、人間の感情は複雑ですから、ときにはそんなこともあるかもしれません。問題なのは、そのままの状態を続けるということです。

いまの自分が嫌なら、いまの自分の状況に不満なら、それを変える努力というものは自らがしなければなりません。何もしないで、何かが変わるなんて、百年待っても

ありえません。

といっても、会社を変わるとか、引っ越しをするとか、それほど大きな決断をする必要はありません。ほんの小さなことでいいのです。何か、いつもとは違うことをしてみるといった程度のことで十分です。

たとえば、通勤にいつもと違うコースをとってみる、ふだん着ないような色の服を着てみる、湯ぶねにつかるとき、いつもと反対のほうを向いてみる、しばらく連絡をとっていない友人に電話をしてみる、など。

自分の習慣や好みを少し離れてみることによって、ひょっとするといままでとは違う自分、自分でも知らなかった別の自分がクローズアップされるかもしれません。ほんの少し行動や視点を変えるだけで、「自分はこうである」という思い込みから自由になれるのです。

新しい自分を発見するというのは、いまいる場所から一歩踏み出す勇気を持つ人にだけ与えられる特権です。この特権を使うかどうかは、あなた次第なのです。

091

チャンスはつかむもの、夢はかなえるもの

「チャンスなんてそんなに訪れない」「夢なんてそう簡単にかなわない」——確かに、それはある意味本当です。というのは、そう思っている人には、不思議とチャンスは訪れないし、夢もかないにくいものなのです。逆に、「チャンスは必ずやってくる」「夢はかなう」と思っている人には、どういうわけかチャンスはやってきますし、夢もかないやすくなります。それはやはり、「どうしてもかなえたい」という夢を持っているから、そしてそれをかなえるために頑張っているから、チャンスはやってくるし、やってきたら見逃さない。だから結果的にその夢もかなう、というわけなのです。

このちょっとした考え方のくせの違いを説明する、おもしろいたとえ話があります。

あるマンションの一室に、お母さんと小さな男の子が住んでいました。ある日その

マンションが火事になり、住民は屋上へ上がりました。救助作業が始まりましたが、避難方法は隣のマンションまでハシゴをかけて、それを渡って移る、という方法しかありません。それでも、ほかの住民はみな何とかそのハシゴを渡りました。しかし、そのお母さんは高所恐怖症で、消防士がどんなにうながしてもいっこうに渡ろうとはせず、「私には無理です。もうここで死んでもかまいません」といって、子どもだけ渡らせたのです。「死ぬ覚悟ができているなら、渡ってみてもいいんじゃないかな」というのは普通の人の考え方で、そのお母さんにとっては「そんな怖い思いをするくらいなら死んだほうがまし」なのです。さて、いよいよ火の手が迫り、「間に合わない」と思った消防士は、先に渡っていた男の子をもう一度お母さんのところへ渡らせ「あなたが死ぬのはかまいませんが、お子さんも一緒に死にますよ。いいんですか?」と聞きました。お母さんは、ハッとして、子どもを抱えてハシゴを渡りました。

「ハシゴなんて渡れないから、向こうへ渡るのは無理」と思うか、「とにかく子どもを助けたいから、何としてでも渡らなければ」と思うか。あなたはどちらでしょう?

092

本物の人間は本物がわかる

人間は、本物とニセ物とに大きく分けることができます。もちろん、本物のほうがいいに決まっていますが、ニセ物にも、救いのあるニセ物と、救いのないニセ物とがあります。

救いのないニセ物は、ニセ物であることに満足している人、もうこの先本物になる可能性はない人です。救いのあるニセ物は、まだ本物になっていないというニセ物で、本人次第でこれから本物になることは可能です。

では、本物になるにはどうするか。それは本物の人を身近に探して、その人を徹底的に勉強することです。まねをしろというわけではありませんが、本物の人の持っている独特のオーラを、自分から素直に、謙虚に学びたいという姿勢を持つことです。

頭のてっぺんからつま先までニセ物になってしまっている人は、本物がわかりません。そのかわり、ニセ物はわかります。ニセ物同士、無意識に周波数が合ってしまうのです。これとは違って、救いのあるニセ物は、ニセ物と本物と両方わかります。そして、本物は、すべてがわかります。二種類のニセ物と、本物、そして、眠っている本物もわかるのです。

本物＝ダイヤモンドとたとえるとわかりやすいかもしれません。カットされて磨かれて、指輪やペンダントに加工されたダイヤモンドというのは、だれが見てもそれがダイヤモンドだとわかります。でも、本物の人間は、原石の状態でも、それがダイヤモンドだとわかってしまうのです。

最初から本物の人よりは、本物になっていく人のほうが圧倒的に多い。でも大事なのは、最終的に本物になるということです。根っこの部分までニセ物になってしまわないうちに、本物を探し出して、その人に近づこうと謙虚に学ぶ。その姿勢があなたにいつか本物の輝きをもたらすのです。

093

人を動かす人は、だれよりも自分が動いている

ディール・カーネギーの言葉にもある、この「人を動かす」ということ。これは一見、難しそうに見えます。

確かに、ただ単に人を動かそうと思ったら、かなり難しいと思います。人は動かそうと思って動くものではないからです。

人を動かすには、まず自分が動かなければなりません。

他人が動きやすいように、いろいろとおぜんだてを整えたり、動きたくなるような下地をつくる。そして、ときには「こうすればいいんだ」という見本を見せる。「あなたにもできるということを証明して見せるから、やってみて」という姿勢が大事です。そして、最後に、そうやってあれこれ動いている姿を見て、周りの人たちが「協

力しようかな」と思ったら、それでやっと、自分が動くということの端っこに立てるというものなのです。

こういう細かい気配りや心配りをせず、自らが率先して動くということもせず、ただ他人が自分に協力してくれるのを待っていたのでは、次の次の世紀になっても、何も変わることはないでしょう。

野球の監督でも、政治家でも、会社の上司でも、椅子に座ってふんぞり返っている人に、本当の意味で人を動かすということは不可能です。人は、自分のために動いてくれる人のためにしか動かないからです。仮に動いてくれたとしても、それはその人のために動いているのではなく、自分のため、つまり、一応動いたという素振りを見せないと、後々大変だからです。そんな物理的な動きでは、そこから何も生まれるはずがありません。

まず自分がだれよりも動く。そうできる人が、人を動かし、そして時代をも動かすことができるのです。

094 チャンスは名札をつけていない

だれでも思うことですが、チャンスをつかむということは難しい。それは、ひとつは、チャンスは「私がチャンスです」というような、一目でわかる顔をしていないせいです。だから、いつも自分の周りで何が起こっているのかに注意して、それにどんな意味があるのかを考えなければならないのです。

そして、チャンスはいつ来るかもわかりません。待っているのになかなか来ないこともあれば、油断していたために、いつの間にか通りすぎてしまっていた、ということもあるのです。だれにも、いま思えば「あのときがチャンスだったのに」という瞬間が必ずあるはずなのです。

さらに、これがやっかいな点ですが、いつ、どんな形でやってくるのかは、人によって違う。ですから、よく注意していないと、チャンスが来ているということがわからない。そして、来たのがわかっていても、ほんの一瞬タイミングを間違うと、せっかく来たチャンスに、あっさりと行かれてしまうのです。

チャンスを逃がさない方法というのは、とにかく、自分の周りに起きる出来事、周りからいわれること、そういうものをまずいったん受け入れるということをくせにすることです。特に、チャンスというものはそれ単体でやってくることはきわめて少なく、たいていは人がもたらすものです。ですから、だれかが何かを自分にいってきたら、とりあえずその人が何をいいたいのか、何をしたいのかを一度受け入れて、理解するよう努力してみる。一応こちらに引き取って、そのうえで状況判断をするのです。

ということは、出会う人の数だけチャンスがあるといえます。すなわち、よりよい人間関係を築いている人というのは、友だちが少ない人よりも、チャンスをつかみやすいということになります。

人生を変えてしまうかもしれない出会いやチャンスは、次の瞬間かもしれません。

095 最後に笑える自分になる

何か起こると、私はいつも「最後に笑うのは自分だから」と、自分で自分にいい聞かせています。

私がよく使う言葉で、ほかに「大丈夫」というのがありますが、これと少し似ているかもしれません。でも、「大丈夫」が、起こっていることそのものに対してよく使われるのに比べて、こちらはあくまで「自分の態度」に主眼を置いています。

これはある程度、自分に自信があるときにしか使えない言葉のような気がします。

「これまで、自分はちゃんとやってきたんだ、だからきっと、最終的にはうまくいくはずだ」という。

だから、逆にいうと、「これ、最後は笑っちゃうことになるんだろうな」って信じられる人が、やはり最後に笑えるのだということです。

何かやっている最中に、途中でめげたり、壁にぶつかったりしても、「最後は自分が」ということを信じられる人の前に、道は開けてくるものなのです。煮詰まってしまったときでも、最後は自分が勝つんだということを信じて動ける力、この力が持てればしめたものです。

たとえば、セブンブリッジや七ならべといったトランプのゲームを考えると、わかりやすいかもしれません。最初に配られた時点の手札があまりよくなかったとして、そのときあなたが「やっぱり無理かな」と思いながらゲームを進めたら、当然ですが、最後は笑うどころか泣くことになるでしょう。それを「最後はきっと勝つんだ」と思いながらいろいろ作戦を立てて楽しむことで、結果的にその努力が実を結ぶかもしれないのです。「最後に笑うのは自分」と思うことで、ひとつはそれが精神安定に役立ち、そして、そう思って行動することで、自分に自信が持てる。何もせずにそんなことを思うのではただの油断ですが、行動が伴うことで、それが現実になるのです。

096
反省には未来があるが、後悔にはない

「反省」と「後悔」、一見とてもよく似ているこのふたつの言葉も、実はやっぱり、根本的な違いがあるのです。それは、反省は前へ進むためにほんの少し後ろを振り返りますが、後悔は過去のほうを懐かしがって、思い出してはただ悔しがり、後ろを振り返ってばかりいるということです。

これでおわかりだと思いますが、基本的に、前向きな人がするのは反省ですが、後ろ向きな人がするのが後悔というわけです。

字を見ても、反省は「省みる」、後悔は「後ろを悔やむ」ですから、どちらがより建設的かがよくわかりますね。

後悔を戒めることわざは、日本だと「後悔先に立たず」ですが、これはどちらかというと、「あとで後悔しないように、いまきちんとやっておきなさい」というニュアンスが込められていますね。これに対して、英語では「It's no use crying over spilt milk」というそうで、よく「こぼれたミルクは元に戻らない」というふうに訳されます。こちらのほうが、雰囲気がよく出ているような気がします。こぼれてしまったミルクを目の前にして、「もったいない」とか「どうしてこんなことを」とくよくよしてもまったく意味がないことがわかるからです。

それよりはやはり、こぼれたミルクの後始末をさっさとして、残ったミルクは冷蔵庫へしまって、「よそ見をしていたからだ」とか「こんな端のほうに置いていたからだ」とか原因を分析し、「今度から気をつけよう」というのが普通です。この辺のことはみんなちゃんとできる人が多いのに、ほかのことになるとこれができなくなるのはどうしてなのでしょう。不思議です。

テレビで芸を披露する猿だって、「後悔」よりは「反省」するのです。人間ができないのって、おかしいと思いませんか？

097

努力した人すべてが成功するとはかぎらないが、成功する人はみな努力家である

この「成功」という言葉を、単に「お金持ちになる」とか「出世する」という言葉に置き換えると、あまりぴんとこないかもしれません。

もっと簡単に、成功＝夢と置き換える。つまり、成功した人というのを、「自分の夢をかなえた人」と思うと、わかりやすいと思います。

そうすると、「なりたい職業についた人」、「ダイエットして一〇キロやせた人」、「好きな人を振り向かせた人」、「勉強して難しい資格を取った人」、「貯金して自分のコンピュータを買った人」、「自転車に乗れるようになった人」と、いろいろな「成功した人」が世の中にいることに気がつくはずです。

頑張った人がみな、自分の望む結果を手に入れるというわけではありませんが、と

いうのは、個人の頑張り方にも問題があるわけなのですが、でもとりあえず、このように成功した人というのは、基本的にはみな頑張った人たちなのです。

ということは、どういうことか。それは、とりあえずベースは「努力」である、ということなのです。まず、自分が手に入れたいと思うものに対して、それ相応の努力をする準備ができているか、ということです。それができていない人は、スタートラインにも立てないのです。

それでは、成功するための努力とは、いったい、どんなものなのでしょうか。

それは、「成功したい」と、思い続けること。つまり、成功するまであきらめない、自分の望むものを手に入れるまで、頑張り続けることができるよう、その気持ちをいつもキープすること。これが一番大きいのではないかと思います。

いい換えれば、いつも自分で自分を応援し続けることができるということ。あるときは自分で自分を引っ張って行ってあげて、またあるときは自分で自分を後ろから支えてあげる。そういう努力のできる人が、最後に成功できるというわけなのです。

098

「棚からぼた餅」には根拠がある

「棚からぼた餅」。これは、「寝ていたら、目の前の棚からぼた餅が落ちてきて口の中に入った」ということで、「自分は何もしていないのに、思いがけないラッキーが起こること」というような意味でよく使われる言葉です。

さて、ここで問題です。何もしなくて、そんなラッキーなことがそうそう起こるものでしょうか?

私の意見をいわせていただければ、答えは×です。そんなに世の中というものは適当にはできていません。

『幸福論』で有名なヒルティも、「怠惰の中に幸福はない」といっているように、怠け者の人が幸福をつかんだ話など、聞いたことがありません。

それでは、どうして寝ているところにぼた餅が落ちてくるようなラッキーが起きるのかというと、ポイントは、「何もしていないように見えて、実はしている」というところにあるのです。

つまり、ぼた餅を作って、さらに棚に置いておいたからこそ、落ちてきて口にも入った、ということなのです。

本当に怠惰な人というのはぼた餅は作らないし、棚にも置きません。そこを実行に移したという時点で、もう怠惰ではなくなっています。自分が動くことによって、ラッキーが起こる要素が発生しているのです。

起きることにはすべて、理由というか、根拠というか、意味があります。でもそれは、ちゃんと見ていないとわからないこともあるし、うっかりしていると、一見まったく違う意味のようにとれることもあります。そこでだまされて、ぼた餅を待ったまま、永久にそこで口を開けてただ待っている、そんなことにならないようにしたいものです。

人生で一番大切なのは、自分を知ることである

「自分を知る」ということ、これは人生最大の、そして永遠のテーマのような気がします。もしかすると、この本の中で一番深いテーマかもしれません。

もちろん私たちは、自分がどういう性格で、どういう位置にいるかなど、ある程度のことはわかっています。でも、それはまだ途中の段階でしかないと私は思うのです。最終的にどうなるかというのは、だれにもわからないし、だから逆に、どうにでもなるというおもしろさもあるのです。

この答えは、いろいろなものを見て、いろいろな人に会って、いろいろなところに行って、いろいろな経験をしないと出てこないと思います。しかも、積極的にそうしないと、ヒントさえも出てこない。だから、のらりくらり生きている人には、自分が

何者であるかという謎を解き明かすことはできないということになります。

ものすごく小さな例を出しますと、何かひとつ、いままでやったことがなくて、しかも簡単そうに見える仕事を一生懸命やってみる。何でもいいのです。お得意様へのDMを一日に一〇〇枚書いてみるとか、手書きの書類を一〇枚パソコンで清書してみるとか。そうすると、それをやり終わったときに、あるひとつの感想というか、発見があるはずです。「自分はもっとできると思った」とか「難しそうだと思っていたけど、けっこう向いていると思った」とか。そういういろいろな発見が多くなればなるほど、自分を知る手がかりになる。

つねに違う角度から自分を見ていく。この角度から見たときの自分はどうなのかということを探しながら生きる。さまざまな経験、体験、場数。そういうものを重ねていくことによって、自分が知らなかった自分さえも発見できる。そしてそういう発見が多ければ多いほど、人生に深みも出ます。解けない謎かもしれないけれど、どこまで近づけるか、トライしてみる価値はあると思うのです。

100

自分の中に眠る可能性を見つけよう

「発明」と「発見」、このふたつの違いがわかるでしょうか。「発明」とは、何もないところから、だれかが何かを作り出すことです。そして「発見」は、もともとそこにあったけれど、だれも気づかなかったものを見つけることです。

さて、自分自身の可能性というものは、作り出すものではありません。自分の中に眠るそれは、自分自身で見つけて、掘り起こさなければいけないのです。

自分には素質も才能も可能性もないと思い込んでいる人はいないでしょうか。それはただ、それらの宝物を見つける手段をまだ持っていないだけです。

たとえるなら、何十光年、何百光年も離れた星々が肉眼では見えないのと同じことです。でも、「見えない」のと「ない」のとは違いますね。そして、それは望遠鏡があれば見ることができるのです。望遠鏡を覗いて初めて、宇宙には自分が思っていたのよりもはるかにたくさんの星が美しく輝いていることを知ります。それは見えないからといって存在していなかったわけではなく、実はあなたが望遠鏡を手に入れるずっと前から、変わらずそこにいて輝いていたのです。同じように、万有引力を発見したのはニュートンですが、それは彼が発明したわけではなく、発見したのです。彼が初めてそれに気がつく前から、引力は存在していたのです。

自分の中に眠る金の鉱脈も、自分という地質の奥深く、輝く黄金の原石が、掘り出されるのを待っているのです。どのくらいの埋蔵量なのか、また、金だけなのか、ほかに銀やダイヤモンドなどもあるのかは、だれにもわかりません。探してみなければわからないのです。そして、それを探すことができるのは、自分だけなのです。

鉱脈は、だれにでもあります。ただ、探し当てることができるかどうか、それが問題です。でも、必ずあるのですから、根気よく見つけてほしい。あなたの中に眠る大きな「可能性」という鉱脈が、太陽の下で輝くのは、明日かもしれないのです。

101

「ありがとう」と毎日いえる自分になる

「ありがとう」というのは、非常にポップな言葉なのではないでしょうか。簡単な言葉なのですが、いった瞬間に、その場の空気を変える力があると思うのです。どんよりとしたものを、ぱっと晴らすような、そんなエネルギーを持っているのです。

少し前の話ですが、私がスポンサリングしている森稔詞というテニス選手が、全日本室内選手権の男子シングルス決勝へ進んだのです。そのとき、準決勝で彼は相当ナーバスになっていたところへもってきて、審判がミスジャッジをしたのです。しかも、彼に不利なように。それで彼が怒って、余計いらいらして、プレーにあからさまに響くようになったのです。やっとの思いでその試合は勝ったものの、こんな精神状態で明日の決勝に臨ませたら危ないと思った私は、彼にこんなふうにいったのです。

「落ち着きなさい。おまえは勝つと思うよ。どうせ勝つんだから、審判がミスジャッジをしても、カッとしてはだめ。怒る代わりに『ありがとう』といいなさい。わかった？　何が起こっても、その起こることというのは、すべておまえが勝つために必要で起こることなんだから、とにかく『ありがとう』といって感謝しておけばいいの」

さて、このあと何が起こったか。嘘みたいな話ですが、何と彼は優勝してしまったのです。実力もありコンディションもよかった彼ですが、「勝つことになっているんだから、何が起きても感謝していればいい」という私のアドバイスにしたがって「ありがとう」といっていたら、結局それで余計集中できたというわけなのです。

あなたに起きる出来事は、あなたのために起きている出来事です。だから、それがどんなことであれ、怒ったり悔しがったりしていると、ただの悪いことで終わってしまう。それを最終的にいいことに変えるには、起こることに感謝して、それがなぜ起こるのかを考えることです。いい換えれば、毎日「ありがとう」といえることが起きている、そのことに気づいて感謝できる自分になることが大事なのです。

おわりに

オンリーワン、ただひとつのもの。私にとっての、より「私自身」。そういったものでありたいと、ずっと思ってきました。だから、私は自分を認め、好きでいようと思いましたし、自分に起こるどんな事柄も、それはすべて意味のあることなのだと考えるようにしてきました。

そうするうちに、自然と、いまというこのときを大事にするようになり、それまでどちらかというと「過ぎてゆくもの」という感覚だった時間が、「積み重なってゆくもの」になりました。

「一瞬が永遠に変わる瞬間」を手に入れた、と思いました。

私たちはいつも、他人が気になります。人間というものはおもしろいと私も思いますが、興味を持つのと不必要に気にするのとでは、似ているようでまるで違います。あまりに他人を気にすると、ときどき自分をなくしてしまいそうになるのです。

他人の生き方が気にならないためには、自分の生き方が確実な選択のもとにある、という確信がいります。でも、それは必ずしも「私は絶対に正しく生きている」というような強い自信である必要はありません。「自分はこれがいいと思ったからそうしているのだ」と、そのくらいの気持ちが持てればいいのです。

自分のことが好きで、自分の弱いところも何もかも許せて受け入れられる、そんな潔さが身につけば、どんなに迷っても最終的には自分自身へたどり着けるのです。

人生はいつでもうまくいくとはかぎりません。失敗することもたくさんあります。でも、それでいいのです。失敗の中には次の成功への鍵が隠されています。その鍵を見つけることができたら、それはもう失敗ではないのです。それに、失敗を恐れて何もしないことよりは、何かをやってみて失敗することのほうが、残るものがたくさんあるのです。自転車に乗る練習をして、転んで「痛い」とわかれば次はもっと気をつけますし、そうやって乗ることができるようになって自転車をこいだときの風の気持ちよさを経験すれば、それまで何度も失敗したことなんて、もうどうでもいいことになってしまうでしょう。

本書にも出てきますが、有名スポーツ選手のジャンパーなどを作っているデザイナーのジェフ・ハミルトンがいった言葉で、次のようなものがあります。

「星に届こうと努力する人だけが、星をとることができる」

自分が何をしたいのか、何を求めているのかをきちんと把握して、それに向かってどうすればその目標に手が届くのかがわかっている人は、幸福な人だと思います。その目標の大小はこの場合関係ありません。大切なのは、自分でゴールを設定できるということ、そして、そのゴールにたどり着くための手段がわかるということなのです。

ある雑誌のインタビューで、イリーナ・パンタエヴァが、「野の花にもゴールは存在する」と語っていました。

彼女はロシアのシベリア地区、バイカル湖のほとりの小さな町で生まれたブリャート族という民族の女性ですが、アジア系としての初のスーパーモデルとしていくつものショーで活躍するほか、自伝を出版したりウッディ・アレンの映画に出演したり、ジュエリーデザインをしたりと、いくつものゴールを持っている人です。

「野の花にとってのゴールは太陽。だから、たとえだれの目にもふれない場所であろうとも、太陽に向かって一生懸命花を開く」と語る彼女ですが、これまでに自分で一つひとつゴールをクリアしてこられたのは、だれに対しても、何に対しても常にオープンマインドであったから、つまり、起こることをそのまま素直に受け入れてきたからだともいっています。

自分にとってのゴール、それはいい換えれば夢、ということになると私は思います。

夢はいくつあってもいい、というより、多ければ多いほど人生は豊かで楽しくなります。

そして、その夢をかなえる強さを持ち続ける秘訣は、自分を信じて、自分を好きでいること、自分の原点というものをいつも持っているということなのではないかと思うのです。


アメリカのベストセラー作家で、リチャード・カールソンという人がいます。彼はアメリカだけでも八〇〇万部以上、日本でも一七〇〇万部以上のベストセラーとなった『Don't sweat the small stuff……』(邦訳『小さいことにくよくよするな!』サンマーク出版刊)をはじめ、何冊ものヒット作を持っています。その彼がプロモーションのために来日したときに、私はホテルニューオータニで彼と対談する機会を得ました。

毎日起こる小さなことにくよくよせず、いかに楽しく過ごすかなどについていろいろ話し合ったのですが、世界中で読まれるベストセラーを持つという大きな夢をかなえた人との対談は、とても有意義なものでした。

その席で、彼は自分の本にサインと次のようなメッセージを入れて、私に渡してくれました。

「Treasure yourself and the gift of life」——「自分自身と、そして人生があなたにもたらすたくさんのすばらしいことを大切に」

この本が、あなたの人生に何かをもたらすきっかけになれば、こんなにうれしいことはありません。

著者

単行本　一九九九年七月　サンマーク出版刊

サンマーク文庫

始めるのに遅すぎることなんかない！

2002年10月30日　初 版 発 行
2022年 5 月20日　第26刷発行

著者　中島 薫
発行人　植木宣隆
発行所　株式会社サンマーク出版
東京都新宿区高田馬場2-16-11
電話 03-5272-3166

フォーマットデザイン　重原 隆
本文DTP　山中 央
印刷　共同印刷株式会社
製本　株式会社若林製本工場

落丁・乱丁本はお取り替えいたします。
定価はカバーに表示してあります。

ISBN978-4-7631-8167-1　C0130

ホームページ　http://www.sunmark.co.jp